Rabbit R1
GUÍA DEL USUARIO
PARA PRINCIPIANTES

Un manual completo paso a paso con consejos y trucos esenciales

Por

LINUS NADELLA

Copyright © 2024 por Linus Nadella

Reservados todos los derechos. Ninguna parte de este libro puede reproducirse, distribuirse o transmitirse de ninguna forma ni por ningún medio, incluidas fotocopias, grabaciones u otros métodos electrónicos o mecánicos, sin el permiso previo por escrito del editor, excepto en el caso de citas breves incorporadas. en revisiones críticas y ciertos otros usos no comerciales permitidos por los derechos de autor.

Descargo de responsabilidad

El autor y el editor han trabajado diligentemente para verificar la exactitud de la información presentada en este libro. Sin embargo, renuncian explícitamente a todas las garantías, ya sean expresas o implícitas, con respecto a la precisión o exhaustividad de la información contenida en estas páginas. El autor y el editor no se hacen responsables de ningún daño que pueda surgir o estar relacionado con la utilización de este libro.

Tabla De Contenido

Introducción 5

Capítulo 1 7

Características clave del Rabbit R1 7
    Especificaciones del dispositivo Rabbit R1 7
    Integración de Wolfram Alpha en Rabbit R1 13
    La próxima actualización del modo de enseñanza 14
    La próxima interfaz de usuario generativa 17
    Actualizaciones recientes 18

Capitulo 2 22

Unboxing del dispositivo Rabbit R1 22
    Paso 1: Desembalaje del Rabbit R1 23
    Paso 2: arrancando tu Rabbit R1 26
    Paso 3: Activar y vincular su cuenta Rabbithole 30

Capítulo 3 34

Una mirada de cerca al portal Rabbithole 34
    Posibles modificaciones futuras en la madriguera del conejo 36
    Incertidumbres y limitaciones de la madriguera del conejo 38

Capítulo 4 40

Interactuando con el asistente Rabbit AI 40
    15 formas de optimizar el asistente de IA de tu Rabbit r1 para una interacción perfecta 41
    Comprensión del modelo de acción grande (LAM) 46

Capítulo 5 48

El menú de configuración 48

Capítulo 6 54

Privacidad y seguridad del Rabbit R1 54

El papel del micrófono 55
El compromiso de privacidad de Rabbit con el diseño de infraestructura 56
Autenticación y seguridad del usuario 57
Limitaciones del compañero de IA Rabbit R1 57

Capítulo 7 60

101 cosas que tu Rabbit R1 puede hacer (Avisos de voz inteligentes incluidos) .. 60
Funcionalidades básicas: 60
Ideas de entretenimiento: 63
Indicaciones de aprendizaje y productividad: 65
Información y comunicación: 68
Fotografía y Creatividad: 70
Usos avanzados: 73
Usos no convencionales: 77
Ocio: 78
Exploración del conocimiento: 79
Niños y familia: 81
Organización: 82
Usos divertidos: 83
Interacción social: 84
Salud y Belleza: 85
Beneficios de planificar un viaje con tu Rabbit R1 89

Capítulo 8 91

Cuidando su R1: Instalación de la cubierta personalizada y el vidrio protector ... 91
Protegiendo su R1 91
Limpiar su dispositivo R1 93
Etiquetas de carga 93
Consejos de seguridad: 94
Instalación de una máscara personalizada en su Rabbit R1 94
Protegiendo su Rabbit R1 con vidrio templado: una guía completa 104

20 hechos históricos asombrosos sobre la IA 108

Conclusión 113

Introducción

Bienvenido al asombroso mundo del Rabbit R1. Un dispositivo impulsado por IA que podría hacer que prestes menos atención a tus exigentes teléfonos inteligentes. Esta maravilla tecnológica de color naranja no es un reemplazo de teléfono, sino un asistente virtual de bolsillo diseñado para manejar tareas específicas con más delicadeza que sus teléfonos inteligentes.

Intrigado? Nosotros también lo estábamos. Después del llamativo debut en CES del Rabbit R1, obtuvimos uno de los primeros pedidos y estamos listos para explorar su potencial. Pero antes de desatar sus maravillas, echemos un vistazo al interior de la caja.

Un pequeño descuido: la caja carece de cable de carga. Alimentado por una batería de iones de litio estándar, utiliza un puerto USB tipo C común. Esto significa que puede utilizar cualquier cable y adaptador existente para cargarlo. Si bien la mayoría de los dispositivos, incluso los teléfonos inteligentes con un empaque delgado, incluyen un cable en estos días, es un obstáculo menor para un dispositivo que de otro modo sería interesante.

El Rabbit R1 se suma a la ola de dispositivos innovadores de inteligencia artificial que surgen junto con el éxito de los chatbots como ChatGPT. A diferencia del software de su teléfono, el R1 cuenta con un sistema operativo único impulsado por un "Modelo de acción grande". Piense en ello como una versión potenciada de los modelos de lenguaje que impulsan las IA basadas en texto.

El R1, según sus creadores, está entrenado para imitar la interacción humana con aplicaciones y servicios, eliminando potencialmente la necesidad de realizar toques manuales repetitivos. Puede realmente revolucionar la forma en que interactuamos con la tecnología?

¡Estén atentos mientras exploramos las profundidades del Rabbit R1! Esta guía del usuario será su hoja de ruta para desbloquear todo su potencial, con sus peculiaridades y todo. Comenzaremos desde su configuración hasta explorar sus capacidades únicas de IA e incluso le enseñaremos 101 cosas que puede hacer con su R1 y nos convertiremos en un usuario avanzado de esta maravilla naranja en poco tiempo.

Capítulo 1

Características clave del Rabbit R1

Recuerde, el Rabbit R1 es más que un simple dispositivo tecnológico; es un compañero de aprendizaje que se adapta a tus preferencias. ¡Conocer sus características clave te ayudará a desbloquear todo el potencial de este asistente de IA!

Especificaciones del dispositivo Rabbit R1

Dimensiones:

Compacto y elegante, el Rabbit R1 mide 78 mm x 78 mm x 13 mm (3 x 3 x 0,5 pulgadas), ofreciendo un equilibrio perfecto entre portabilidad y funcionalidad.

Botón Pulsar para hablar:

La interacción de voz gana una dimensión adicional de control del usuario en el Rabbit R1 con su botón Push-to-Talk (PTT) ubicado en un lugar destacado. Actuando como un walkie-talkie, permite a los usuarios activar manualmente el micrófono cuando están listos para hablar. Esta sencilla mecánica minimiza los desencadenantes accidentales al mismo tiempo que indica la intención y agiliza el diálogo.

El modo de escucha siempre estándar en los asistentes virtuales corre el riesgo de despertarse aleatoriamente en mitad de una conversación que luego requiere la repetición de declaraciones. Pero con el control PTT, las conversaciones se mantienen ordenadas. Las sesiones se inician instantáneamente al presionar el botón sin palabras previas de activación.

Peso:

Con un peso de tan solo 115 g, el Rabbit R1 garantiza una experiencia de usuario ligera y cómoda, ideal para su uso mientras viaja.

Duración de la batería y capacidades de carga:

Equipado para un rendimiento duradero, el Rabbit R1 cuenta con una duración de batería que sostiene más de 500 ciclos a una impresionante tasa del 80%. La carga es eficiente con una corriente de 500 mA y una capacidad de carga robusta de 1000 mAh. Una carga completa tarda aproximadamente 45 minutos. Se espera que la batería dure más con futuras actualizaciones de software.

Resolución de video:

Las capacidades de video de este dispositivo disruptivo incluyen resolución de 24 fps y 1080p, lo que garantiza claridad y efectos visuales fluidos.

Memoria:

Con 4 GB de memoria, Rabbit R1 maneja sin esfuerzo diversas aplicaciones, garantizando transiciones fluidas entre tareas.

Detalles de conectividad:

Manténgase conectado sin problemas con Bluetooth 5.0, Wi-Fi compatible con frecuencias de 2,4 GHz y 5 GHz y la comodidad adicional de las capacidades 4G LTE.

Color:

El Rabbit R1 adopta una estética vibrante con su color Leuchtorange, añadiendo un toque de estilo a su elegante diseño.

Salida de audio:

Tiene un sonido nítido y claro posible gracias a su salida de altavoz de 2 W, lo que brinda una experiencia de audio excepcional.

Entrada de audio:

Para mejorar la interacción del usuario, el Rabbit R1 cuenta con un conjunto de micrófonos duales para una entrada de audio superior y capacidades de reconocimiento de voz.

Mostrar:

Navegue con facilidad utilizando la pantalla táctil TFT de 2,88, que proporciona una interfaz receptiva e intuitiva para una experiencia de usuario mejorada.

Procesador:

Equipado con el procesador MediaTek MT6765 Octa-core (Helio P35), el Rabbit R1 garantiza un rendimiento rápido y eficiente para todas sus necesidades informáticas.

Frecuencia máxima de CPU:

Experimente un uso perfecto con una frecuencia máxima de CPU de 2,3 GHz, que ofrece capacidad de respuesta y velocidad en cada operación.

Almacenamiento:

Tiene a su disposición un amplio almacenamiento con 128 GB, que proporciona el espacio necesario para aplicaciones, medios y archivos sin comprometer el rendimiento.

Servicios de localización:

Navegue con precisión utilizando el magnetómetro y el GPS del Rabbit R1, lo que garantiza un seguimiento preciso de la ubicación.

Sensor de movimiento:

Con este dispositivo, la interactividad se mejora con un acelerómetro y un giroscopio, lo que permite una detección de movimiento intuitiva y receptiva.

Temperaturas de funcionamiento:

El Rabbit R1 prospera en diversos entornos, con un rango operativo de 0°C - 45°C o 32° - 113° F.

Resolución de la foto:

Vea imágenes a través de las lentes de este dispositivo usando su cámara de 8MP, que ofrece una resolución de 3264x2448 para una visualización agradable.

Ranura para tarjeta SIM:

Manténgase conectado en sus términos con su ranura para tarjeta SIM accesible a través de la bandeja de la tarjeta SIM, lo que permite flexibilidad para elegir su proveedor de red preferido y administrar sus contactos.

La rueda de desplazamiento analógica:

Para una navegación sencilla, una rueda de desplazamiento analógica texturizada bordea la pantalla. Sus retenes precisos brindan una respuesta táctil satisfactoria cuando se activa. Esto se combina con gestos de tocar y deslizar para un control fluido de la interfaz de usuario. Ya sea que se desplace por los resultados o haga zoom en los mapas, el R1 mantiene las interacciones sin fricciones.

El ojo rotacional 360:

Encaramada en la corona del R1 se encuentra la cámara de visión, una cámara de 8 megapíxeles con un soporte giratorio. Es capaz de realizar una panorámica de 360 grados horizontalmente e inclinarse hasta 30 grados por encima de la horizontal, su lente ojo de pez captura fotografías inmersivas junto con videos nítidos con una resolución de 1080p. Para activar la cámara, haga clic en el botón dos veces mientras está en la pantalla de inicio y para girarla, simplemente use la rueda de desplazamiento.

Con esta cámara, los usuarios pueden inspeccionar los objetos circundantes y aprender cosas que nunca supieron, utilizando la capacidad de escaneo de objetos bajo demanda del R1.

Integración de Wolfram Alpha en Rabbit R1

Rabbit está encantado de asociarse con Wolfram, líder en el suministro de inteligencia computacional durante más de 30 años. Con la nueva actualización, Rabbit r1 ahora incluye Wolfram Alpha, lo que brinda a los usuarios acceso a su base de conocimientos y motor especiales. Esto significa que los usuarios de r1 tendrán una precisión mucho mayor en preguntas relacionadas con matemáticas, ciencia, tecnología, sociedad y cultura.

Esta es la primera vez que se agrega Wolfram Alpha a un dispositivo de inteligencia artificial. Juntos, Rabbit y Wolfram tienen como objetivo hacer que el conocimiento sea más accesible para todos. La combinación de la tecnología de Wolfram y la plataforma de Rabbit ayuda a crear un asistente de inteligencia artificial que puede proporcionar cálculos precisos y acceder a una amplia gama de conocimientos seleccionados y datos en tiempo real.

La próxima actualización del modo de enseñanza

Con el modo de enseñanza, cualquiera puede crear sus propios conejos impulsados por LAM sin necesidad de saber codificar. Puedes grabar tu voz y explicar lo que quieras, y Rabbit OS ejecutará tus instrucciones. LAM aprenderá de sus aportaciones y creará un conejo que se puede utilizar en diferentes situaciones. En caso de que hagas un conejo que pueda ayudar a otros? Puedes venderlo y compartirlo en la próxima Rabbit Store.

Imagine un futuro en el que su Rabbit R1 pueda manejar con destreza tareas complejas en los sitios web que frecuenta o operar sin problemas todas sus aplicaciones favoritas sin necesidad de su participación directa con su teléfono móvil o computadora portátil.

Creemos que puede navegar incansablemente por los mercados en línea para conseguir las ofertas más sensatas en cualquier producto que desee, completando de forma autónoma formularios extensos con sus preferencias o incluso aplicando códigos de descuento durante el proceso de pago. La revolucionaria función Modo Enseñanza hará realidad esta visión.

Como funciona?

- **Interfaz intuitiva:** Una interfaz fácil de usar lo guiará a través del proceso del modo de enseñanza. Simplemente seleccione el sitio web o la aplicación que desea que su Rabbit R1 aprenda y deje que se desarrolle la magia.

- **Aprendizaje paso a paso:** Guía tu Rabbit R1 a través de las acciones deseadas, clic a clic. El modo de enseñanza capturará de forma inteligente sus interacciones en pantalla y comprenderá la lógica subyacente.

- **Inteligencia adaptativa:** Cuanto más enseñas, más astuto se vuelve tu Rabbit R1. Aprenderá a identificar patrones y adaptarse a los cambios del sitio web, asegurando una ejecución de tareas fluida y eficiente.

Entonces, cuáles son las posibilidades?

- **Conviértase en un usuario avanzado:** Optimice su experiencia de compra en línea, automatice tareas repetitivas en sitios web específicos o incluso personalice sus interacciones en las redes sociales. ¡Las posibilidades son ilimitadas!

- **Accesibilidad:** El modo de enseñanza permitirá a los usuarios con discapacidades físicas navegar con facilidad en entornos complejos en línea. Imagínese gestionar transacciones financieras sin esfuerzo o realizar tediosas tareas en línea, todo con la ayuda de su Rabbit R1 capacitado.

- **Libera tu creatividad:** El modo de enseñanza no se limita a tareas predefinidas. Imagine entrenar su Rabbit R1 para seleccionar un servicio de noticias personalizado, generar informes personalizados a partir de conjuntos de datos complejos o incluso ayudarlo con proyectos creativos.

El futuro es personal:

El futuro del dispositivo Rabbit R1, dotado del modo de enseñanza, representa un cambio de paradigma en la trayectoria de los primeros asistentes de IA. Trascenderá el simple hecho de seguir órdenes; se tratará de estudiar y aprender de su propietario, adaptarse a sus necesidades y convertirse en su extensión digital.

La próxima interfaz de usuario generativa

Rabbit R1 va más allá de ser un poderoso asistente de IA con el inminente lanzamiento de su revolucionaria función Generative UI. Esta innovadora innovación desdibujará efectivamente la línea entre la interfaz de usuario y la imaginación humana. En lugar de menús y diseños estáticos, la UI generativa se adaptará dinámicamente y presentará interfaces adaptadas con precisión a las necesidades y el flujo de trabajo actuales del usuario.

Impulsado por IA de vanguardia, el R1 aprenderá los hábitos del usuario, anticipará intenciones y generará experiencias de usuario contextuales sobre la marcha, mostrando solo información y controles relevantes para cada escenario único. No más desorden excesivo ni desplazamientos interminables por los menús.

La UI generativa promete impulsar la creatividad, redefinir la accesibilidad y abrir un mundo sin límites para los usuarios. Podría visualizar ideas en tiempo real durante la lluvia de ideas o adaptar sus interfaces a diferentes estilos de aprendizaje y habilidades físicas.

Imagine interfaces que trasciendan las barreras del idioma o que seleccionen perfectamente datos científicos complejos. La interfaz de usuario generativa eliminará las experiencias rígidas de los usuarios y, en su lugar, establecerá un puente fluido y fluido entre humanos y máquinas. El Rabbit R1 será más que un simple asistente con esta función. Con esta característica, surgirá una nueva era en la que el individuo estará verdaderamente empoderado y libre de las limitaciones de las interfaces de usuario convencionales.

Actualizaciones recientes

El Rabbit R1 recibió su primer conjunto de actualizaciones importantes de software, con el objetivo de mejorar la experiencia del usuario y abordar problemas clave. A continuación se detallan las principales actualizaciones incluidas en esta versión:

- **Rendimiento mejorado de la batería**: La duración de la batería inactiva se ha mejorado hasta 5 veces, solucionando una preocupación importante para los usuarios.

- **Funciones de zona horaria**: Los usuarios ahora pueden seleccionar su zona horaria en el menú de configuración y las actualizaciones de la zona horaria son más precisas según la ubicación GPS.

- **Servicios GPS mejorados**: Los servicios de ubicación GPS se han mejorado con una mejor compatibilidad con AGPS, lo que hace que el dispositivo sea más consciente de cuándo usar el GPS para consultas de ubicación.

- **Información de tiempo precisa**: Las conversaciones ahora proporcionan información relacionada con el tiempo más precisa.

- **Actualización de la interfaz de usuario de reproducción de música**: Se ha mejorado la interfaz de usuario para la reproducción de música para ofrecer una mejor experiencia auditiva.

- **Fiabilidad de Bluetooth**: Se ha mejorado la confiabilidad de las conexiones Bluetooth y se planean optimizaciones continuas.

- **Estabilidad del asistente de reuniones**: El asistente de reuniones y la grabadora ahora son más estables y pueden soportar duraciones más largas.

- **Mejores funciones de traducción y clima**: Se han realizado mejoras en la traducción bidireccional y en las experiencias relacionadas con el clima y el tiempo.

- **Alucinaciones LLM reducidas**: Ha habido una reducción adicional de las imprecisiones durante las interacciones con el modelo de lenguaje.

- **Mejoras en la madriguera del conejo**: Se ha mejorado la interfaz de carga, se han mejorado los mensajes de error para sesiones caducadas y se ha aumentado la legibilidad del código QR.

- **Mensajes de error informativos**: Los mensajes de error de texto a voz de consultas de hojas de cálculo ahora son más útiles.

Estas actualizaciones reflejan el compromiso de Rabbit de mejorar el R1 y abordar los comentarios de los usuarios de manera efectiva. Rabbit se centra en proporcionar actualizaciones rápidas a sus usuarios. Esté atento a sus canales de redes sociales para conocer las notas de la versión sobre futuras actualizaciones.

Componentes clave del Rabbit R1

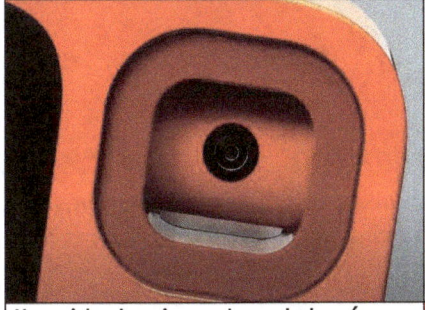	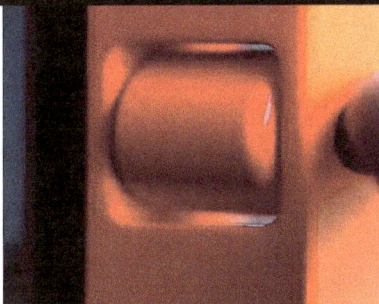
Una vista de primer plano de la cámara giratoria de 360°	La rueda de desplazamiento analógica
	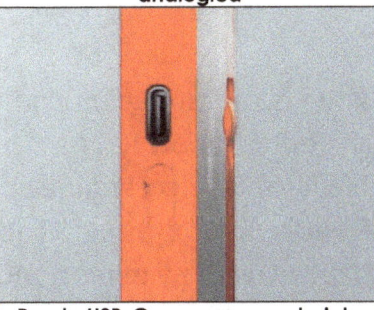
La matriz de micrófonos	Puerto USB-C y ranura para tarjeta SIM

Pantalla de visualización	El botón pulsar para hablar

Capitulo 2

Unboxing del dispositivo Rabbit R1

"Los dispositivos informáticos deberían ser lo suficientemente sencillos para que cualquiera pueda utilizarlos".

Esta visión fundacional guió a Rabbit en el desarrollo del asistente Rabbit R1. La desconexión entre el avance técnico y las necesidades humanas provocó los primeros bocetos del Rabbit R1. Ahora, revelemos su nuevo dispositivo R1 y exploremos su contenido.

Cómo desempacar, configurar y comenzar a usar el dispositivo Rabbit R1: una guía paso a paso

Configurar su Rabbit R1 es sencillo si sigue los sencillos pasos a continuación, desde desempacar hasta iniciar el dispositivo y configurarlo. Cada paso conduce sin problemas al siguiente, lo que garantiza una navegación fluida en su dispositivo inteligente. Con precisión, pronto aprovechará todo el potencial del Rabbit R1, enriqueciendo sin esfuerzo su experiencia digital.

Paso 1: Desembalaje del Rabbit R1

Al igual que otros dispositivos electrónicos familiares, el R1 llega en una modesta caja de cartón marrón ecológica con una estética minimalista. Para desembalarlo correctamente, siga estas instrucciones:

- Utilice un objeto afilado para quitar la envoltura de plástico transparente que envuelve la caja Rabbit R1.

- Identifique la pestaña designada en un lado de la caja. Consulte la imagen en la página siguiente para obtener orientación. Tire suavemente de la pestaña marcada con una flecha hasta que la sección de la caja se despegue por completo hasta el borde. Ahora puedes abrir la caja.

- Dentro de la caja, una densa espuma cuadrada amortigua el dispositivo. Retírelo para revelar el Rabbit R1 ubicado en el centro, asegurado por el mismo tipo de espuma.

- Extraiga con cuidado el dispositivo de la caja y retire el fino envoltorio de plástico. Abra la carcasa transparente tipo casete retro para acceder al dispositivo R1. Además, puede utilizar el estuche retro transparente como soporte portátil para su dispositivo.

- Tome el dispositivo y retire con cuidado la capa protectora temporal de la pantalla.

Desembalaje del dispositivo Rabbit R1

Un dispositivo Rabbit R1 completamente empaquetado

Utilice un objeto afilado para quitar la envoltura de plástico transparente

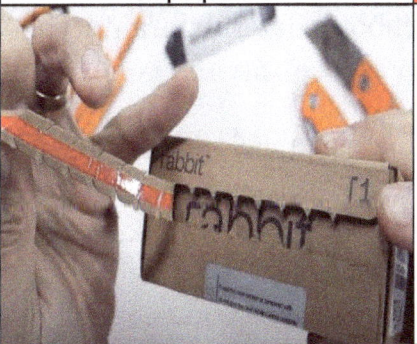
La lengüeta designada en un lado de la caja

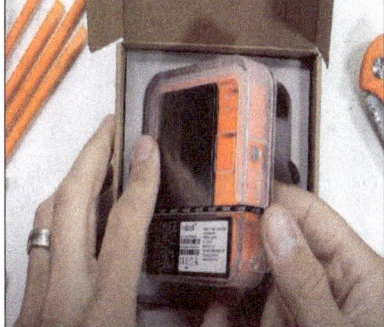
Saque con cuidado el dispositivo de la caja y retire la envoltura plástica delgada

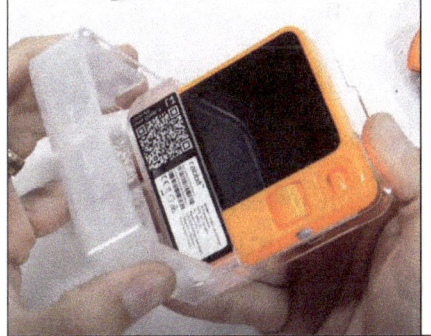
Abra y saque el dispositivo de la carcasa de plástico.

Retire suavemente la capa protectora temporal de la pantalla

Paso 2: arrancando tu Rabbit R1

Iniciar y configurar el Rabbit R1 es mucho más sencillo que muchos teléfonos inteligentes modernos. Los pasos son sencillos, con indicaciones en pantalla que lo guiarán a lo largo del camino. Vamos a guiarle a través de los pasos involucrados:

- Mantenga presionado el botón lateral durante 3 a 5 segundos para encender el dispositivo.

- Una vez que se enciende, deja que se ejecute la secuencia de inicio hasta que veas una imagen del dispositivo Rabbit R1 girando en la pantalla. Haga clic en el botón lateral cuando se le solicite.

- Selecciona tu red Wi-Fi. Si no hay ninguno disponible, asegúrese de que esté activa una conexión Wi-Fi rápida cercana.

- Si hay varias redes Wi-Fi, utilice la rueda de desplazamiento para navegar y seleccionar la suya.

- Gire el dispositivo como se indica en la pantalla para colocar la rueda de desplazamiento hacia abajo. Aparecerá un teclado virtual en la pantalla para que ingrese la contraseña correcta para el Wi-Fi que seleccionó.

- Al ingresar la contraseña correcta, aparecerá "conectar" y "conectando", lo que indica la conexión de red. También aparecerán dos iconos, "X cargando" y "√ red conectada".

- Conecte su dispositivo a una fuente de alimentación usando un cargador tipo C para iniciar una actualización automática de software.

- Deje que la descarga del software alcance el 100%. Si la pantalla duerme, presione el botón lateral para activarla.

- Una vez descargado, el software se verificará automáticamente. Espere a que la verificación alcance el 100%.

- Después de la verificación, el software estará finalizado. Deja que llegue al 100%. La pantalla mostrará "actualización completa" al finalizar.

- Deje que el dispositivo se inicie sin interrupciones. El logotipo de R1 girará durante un minuto o menos antes de mostrar la pantalla de inicio.

- En este punto, su dispositivo está completamente configurado y listo para usar.

Arrancando tu Rabbit R1

 Encienda el dispositivo manteniendo presionado el botón lateral	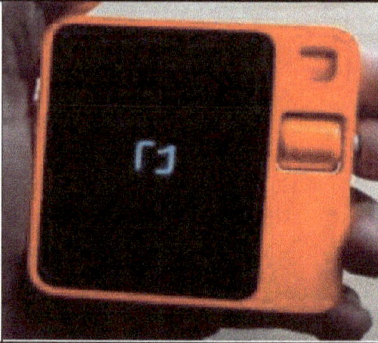 Permitir que se ejecute la secuencia de inicio
 Utilice la rueda de desplazamiento para seleccionar una red Wi-Fi disponible	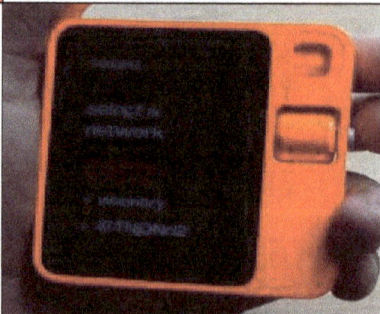 Haga clic en el botón lateral para comenzar a conectarse
 Gire el dispositivo como se indica e ingrese la contraseña de Wi-Fi correcta	 La red comenzará a conectarse.

Arrancando tu Rabbit R1

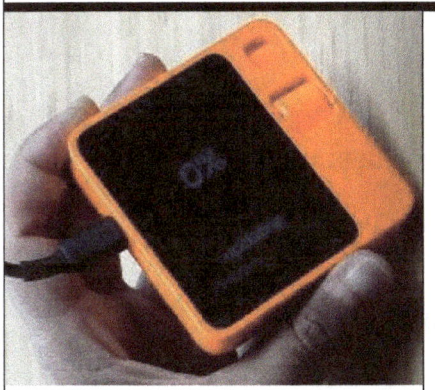

Conecte su dispositivo a una fuente de alimentación para iniciar una actualización automática de software.

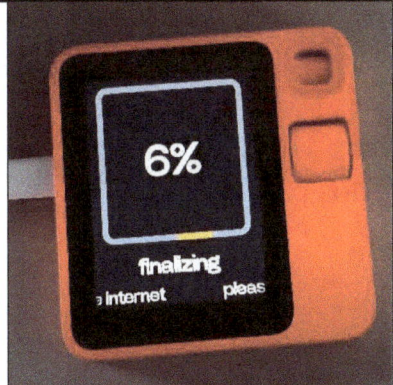

Permitir que se complete la finalización del software

Después de la actualización, el dispositivo mostrará esta pantalla de inicio.

Ahora puede mantener presionado el botón lateral y avisar al dispositivo R1.

Paso 3: Activar y vincular su cuenta Rabbithole

Para vincular su dispositivo a una cuenta Rabbithole, siga estos pasos:

- Visite el sitio web proporcionado (https://www.rabbit.tech/activate) usando su computadora portátil.
  Nota: *(Actualmente, puedes visitar el sitio web con tu teléfono pero no puedes realizar ciertas tareas como conectar las aplicaciones disponibles)*

- Al abrir, se le pedirá que ingrese su correo electrónico y contraseña. Como eres nuevo, haz clic en "registrarse" para crear una cuenta.

- Ingrese su dirección de correo electrónico y elija una contraseña única que cumpla con los criterios especificados (8 caracteres o más, con al menos 3 de los siguientes: letras minúsculas (az), letras mayúsculas (AZ), números (123), caracteres especiales (@! $%^&*+)).

- Haga clic en "Continuar" después de proporcionar sus credenciales.
- Recibirá un aviso pidiéndole que acepte los términos de servicio, la política de privacidad y la

política de cookies de Rabbit. Seleccione "Acepto" y luego haga clic en "Continuar".

- Revise su correo electrónico para ver si recibe un mensaje de verificación del equipo de Rabbit R1 y siga las instrucciones para verificar su cuenta.

- Regrese a la pestaña anterior y haga clic en "continuar iniciando sesión" o "reenviar" si no ha recibido el correo electrónico de verificación. También puede optar por "cerrar sesión" si ingresó el correo electrónico incorrecto.

- Inicie sesión en su cuenta Rabbithole con su correo electrónico y contraseña correctos.

- Una vez que haya iniciado sesión, haga clic en el botón "conectar un R1" e ingrese su nombre completo para disfrutar de una experiencia personalizada con su Rabbit R1. Luego, presione "continuar".

- Aparecerá en la pantalla un dispositivo Rabbit R1 con un código QR.

- En su dispositivo Rabbit, haga clic en "Continuar" para activar la cámara de escaneo QR del R1.

- Utilice la cámara del R1 para escanear el código QR en la pantalla de su PC. Tras un escaneo exitoso, el

R1 le pedirá que configure un código de acceso seguro. Utilice la rueda de desplazamiento para seleccionar un código de acceso y haga clic en el botón lateral para elegir cada número.

- Después de configurar el código de acceso, el dispositivo le informará que puede tocar dos veces el botón lateral para activar la cámara y mantenerlo presionado para activar Rabbit Assistant para preguntas y asistencia.

- Después de realizar las tareas que aparecen en las indicaciones, accederá a la pantalla de inicio.

- En la computadora portátil o PC utilizada para acceder al código QR, su nombre se mostrará en la plataforma Rabbithole en este formato "administrar el r1 de [Su nombre]".

- Una imagen 3D del dispositivo R1 girará debajo del artículo. En esta interfaz, puede marcar su dispositivo como perdido si falta.

Activar y vincular su cuenta Rabbithole

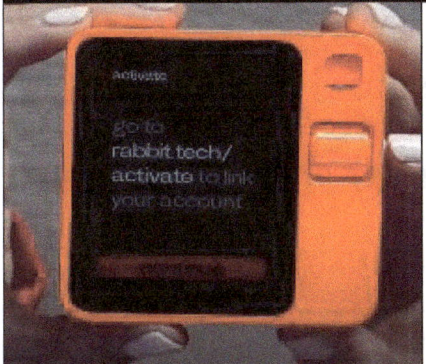

Usando su computadora portátil o PC, visite el sitio web de Rabbit.

El sitio web le solicitará su correo electrónico y contraseña.

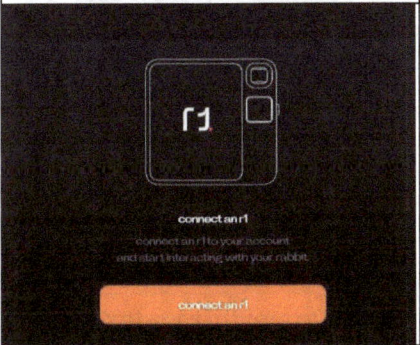

Conecte su R1 haciendo clic en el botón.

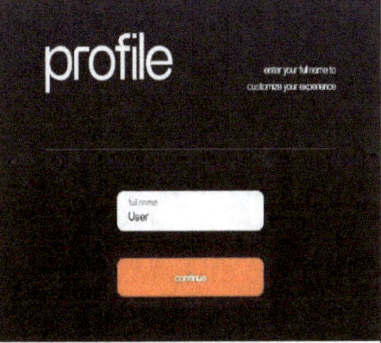

Ingresa tu nombre completo para personalizar tu experiencia.

Escanea el código QR para activar tu cuenta.

Configurar una contraseña segura

Capítulo 3

Una mirada de cerca al portal Rabbithole

Lejos de ser una novedad de una sola función, el Rabbit R1 es polivalente como compañero y asistente, posible gracias a su potente LAM (Large Action Model) y la plataforma Rabbithole.

El diseño retro del R1 esconde una poderosa IA que conversa, informa y realiza tareas mediante comandos de lenguaje natural. Ya sea colocado sobre un escritorio, sostenido en la mano o guardado en un bolsillo, la conectividad constante del dispositivo permite a los usuarios delegarle tareas cuando sea necesario.

El Rabbit R1 es más que un truco de productividad. Actuando como profesor, guía a sus usuarios para que actualicen sus conocimientos sobre cualquier tema. A través de instrucciones para el paciente, el R1 puede capacitar tanto a principiantes como a expertos. Su propósito no es reemplazar los teléfonos inteligentes sino liberar aún más el potencial humano y ahorrar tiempo.

Rabbithole es un portal web seguro que actúa como centro central para administrar su dispositivo Rabbit R1. Es donde realizarás una configuración secundaria de tu dispositivo, lo conectarás a varios servicios de terceros y accederás a todas tus actividades y grabaciones. Aquí hay un desglose de lo que puede esperar de Rabbithole:

Conexiones de terceros:

- Rabbithole actúa como un puente entre Rabbit R1 y varios servicios de terceros, como Uber para viajes compartidos, Midjourney para generación de imágenes, DoorDash para pedidos de comida, Spotify para música y potencialmente otros en el futuro.

- Esto permite que el asistente de inteligencia artificial del Rabbit R1 interactúe con estos servicios en su nombre, realizando tareas como pedir comida a domicilio o reproducir música sin necesidad de abrir las aplicaciones directamente en el R1.

Acceso y Gestión de la Información:

- Rabbithole puede almacenar información generada por su R1, como grabaciones de voz, búsquedas visuales capturadas con la cámara, imágenes generadas por IA y recibos en la aplicación (según las funcionalidades).

- Le permite revisar esta información, eliminar potencialmente lo que no necesita y administrar el espacio de almacenamiento de su dispositivo.

Notas importantes:

- Actualmente, Rabbithole es un portal basado en web, lo que significa que necesitará una computadora, tableta o teléfono inteligente con conexión a Internet para acceder.

- Por el momento, no existe una aplicación Rabbithole dedicada para dispositivos móviles, aunque la funcionalidad podría cambiar en el futuro.

- La seguridad es una prioridad en Rabbithole. Está diseñado para ser una plataforma segura para administrar su Rabbit R1 y sus integraciones.

Posibles modificaciones futuras en la madriguera del conejo

Dado que el Rabbit R1 es un dispositivo nuevo, aquí hay algunas posibilidades previsibles para Rabbithole según lo que sabemos hasta ahora:

- **Personalización:** Rabbithole podría ofrecer opciones para personalizar su experiencia R1. Puede haber opciones que permitan a los usuarios crear atajos de voz personalizados para comandos utilizados con frecuencia o configurar fuentes de noticias preferidas para las sesiones informativas diarias.

- **Características de la comunidad:** Rabbithole podría potencialmente convertirse en un centro comunitario para los usuarios de Rabbit R1. Esto podría incluir foros para compartir consejos, solucionar problemas juntos o incluso crear consejos y trucos personalizados para asistentes de voz para que otros los descarguen.

- **Características avanzadas:** Dependiendo de las capacidades del Rabbit R1 en el futuro, Rabbithole podría ofrecer funciones avanzadas como visualización de datos para rastreadores de salud y estado físico o informes de progreso sobre los objetivos de aprendizaje de idiomas.

- **Controles de privacidad:** Rabbithole debería proporcionar controles de privacidad sólidos. Esto podría incluir opciones para administrar qué datos se almacenan (por ejemplo, grabaciones de voz), establecer períodos de retención de datos y tener control exclusivo sobre cómo se utilizan sus datos con integraciones de terceros.

Incertidumbres y limitaciones de la madriguera del conejo:

- **Funciones limitadas:** Rabbithole tenía características limitadas en el lanzamiento, aunque se espera que sus funcionalidades se amplíen con el tiempo mediante actualizaciones periódicas de software.

- **Dependencia de integración de terceros:** La utilidad del dispositivo Rabbithole y Rabbit R1 depende en gran medida de la cantidad y variedad de servicios de terceros con los que se puede integrar.

- **Preocupaciones sobre la seguridad de los datos:** Si bien la seguridad es una prioridad, es importante estar atento a las prácticas de seguridad de los datos y comprender cómo se utiliza su información dentro de la madriguera.

Rabbithole tiene el potencial de ser una herramienta poderosa para administrar su Rabbit R1 y desbloquear todo su potencial. Sin embargo, es importante tener en cuenta las incertidumbres, ya que el dispositivo y su ecosistema aún son nuevos.

El portal de la madriguera del conejo

Puede acceder a sus grabaciones de audio y resumen en esta plataforma.

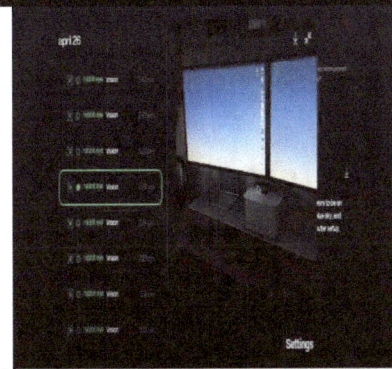

También puede descargar o eliminar imágenes desde aquí.

Vea y acceda a todas las conexiones de su aplicación desde aquí.

Consigue copiar las respuestas de la IA desde la plataforma Rabbithole.

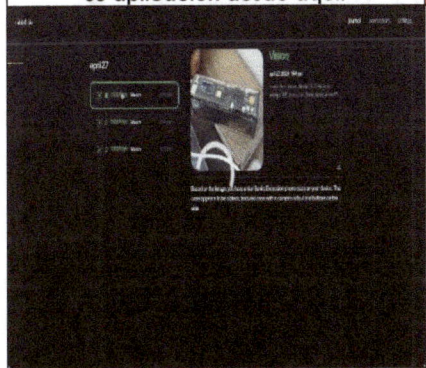

Mantenga un registro detallado de todas sus actividades.

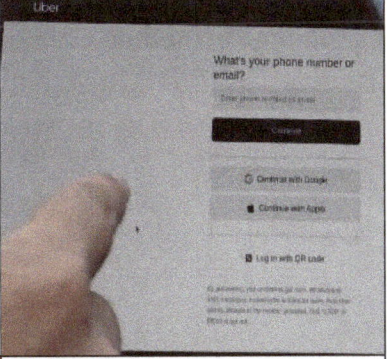

Intentando conectar UBER en el portal Rabbithole

Capítulo 4

Interactuando con el asistente Rabbit AI

El R1 cuenta con capacidades precisas de reconocimiento de voz, detectando voces con precisión y filtrando eficazmente el ruido de fondo. Utilizando una serie de micrófonos, triangula el sonido para garantizar una recepción óptima. En consecuencia, los usuarios pueden articular solicitudes sin esfuerzo y de forma natural sin necesidad de repetición o alzar la voz.

El Rabbit R1 se destaca como algo más que el típico asistente virtual. Este dispositivo inteligente del tamaño de la palma de la mano tiene como objetivo revolucionar nuestras interacciones con la IA. Si bien comparte una esencia lúdica con otros dispositivos tecnológicos de Teenage Engineering, se diferencia de los teléfonos inteligentes en varios aspectos.

15 formas de optimizar el asistente de IA de tu Rabbit r1 para una interacción perfecta:

1. **Aprecie el asistente de voz del R1:** El R1 brilla cuando le hablas directamente. Mientras habla con el dispositivo, utilice un tono claro y conciso para las órdenes y preguntas. Imagina que estás conversando con un amigo tuyo inteligente.

2. **La especificidad es clave:** Cuanto más específicas sean sus solicitudes, mejor podrá comprender el R1 sus necesidades. En lugar de un vago "reproducir música", intente "reproducir canciones alegres de los 80". Además, asegúrese de que sus indicaciones sean precisas; el asistente de IA se basa en información veraz para proporcionar respuestas correctas. Si bien ocasionalmente puede corregir errores en su mensaje, en algunos casos también puede responder basándose en información errónea.

3. **Descomponerlo:** Las tareas complejas se pueden dividir en solicitudes más pequeñas y comprensibles. Tiene muchas preguntas para las que necesita respuestas claras? Pídalos uno por uno para mayor precisión.

4. **Opción de teclado:** El R1 se adapta a diversos estilos de comunicación. Si tiene un impedimento auditivo, el teclado incorporado le permite

interactuar sin problemas con el asistente de IA; esta característica es perfecta para mantener la paz en una biblioteca o reunión. Escriba sus solicitudes y comandos con claridad y el asistente de IA a través de texto le dará las respuestas adecuadas en pantalla.

Nota: Para activar el teclado, siga los siguientes pasos:

1. Agite su dispositivo para abrir la página de configuración
2. Usando la rueda de desplazamiento, desplácese hacia abajo hasta la opción "habilitar terminal" y enciéndala usando el botón lateral si estaba apagada.
3. Desplácese hacia arriba para ubicar la opción de inicio en el menú de configuración y luego haga clic en el botón lateral para abrir la página de inicio.
4. Ahora, gire suavemente su dispositivo hacia arriba para activar el teclado (la rueda de desplazamiento debe estar hacia abajo)
5. **Mantenga presionado el botón lateral**: El Rabbit R1 utiliza un botón lateral para activar comandos de voz. Mantener presionado este botón mientras habla garantiza que el asistente de IA esté completamente involucrado y escuchando toda su

solicitud; no suelte el dedo del botón hasta que haya terminado de hablar. Esta simple acción ayuda a mejorar la precisión y reduce la posibilidad de que se malinterpreten los comandos.

6. **Ajustar correctamente el volumen**: Un elemento clave de una comunicación clara es la audibilidad. No tengas miedo de ajustar el volumen del R1 para asegurarte de poder escuchar las respuestas del asistente de IA alto y claro. Esto ayuda a evitar confusiones y agiliza su interacción. Además, asegúrese de que su voz sea lo suficientemente alta para que el dispositivo lo escuche claramente cuando le habla.

7. **La amabilidad importa**: Si bien el R1 es un dispositivo posible gracias al aprendizaje automático, se nutre del refuerzo positivo. Los estudios han demostrado que el uso de un lenguaje cortés y respetuoso al interactuar con asistentes de IA puede generar respuestas más precisas y útiles. Piense en ello como fomentar una asociación productiva con su compañero digital.

8. **Utilice su ubicación**: El R1 puede aprovechar su reconocimiento de ubicación para mejorar su experiencia. Por ejemplo, preguntar por "restaurantes cercanos" proporcionará resultados específicos de su ubicación actual.

9. **Dominar la multitarea**: El R1 es un genio multitarea. No tenga miedo de encadenar

comandos, pero no lo alargue demasiado; una cadena de tres comandos está bien. Por ejemplo, diga "Dime cuál es la fecha de hoy, pon un cronómetro en 10 minutos y pon música relajante de One Republic". El R1 puede manejar estas solicitudes secuenciales con facilidad.

10. **Haga preguntas de seguimiento**: El R1 puede manejar preguntas de seguimiento. Por ejemplo, si no entendiste los titulares de las noticias matutinas que te leyeron, simplemente pregunta: "Puedes repetir los titulares?". El asistente de IA puede acceder a interacciones previas dentro de una conversación, lo que facilita la obtención de la información que necesita sin tener que empezar desde cero.

11. **Conectividad Bluetooth**: Si posee otros productos o dispositivos digitales de Teenage Engineering que permiten la conectividad Bluetooth, explore posibles integraciones con el R1. Imagínese dar comandos de voz a su R1 y escuchar las respuestas a través de los parlantes de su hogar. Esto crea una experiencia de hogar inteligente perfecta.

12. **Conviértete en un usuario avanzado**: El R1 tiene profundidades ocultas. Además de la gran cantidad de información sobre el R1 expuesta en esta guía del usuario, busque en línea funciones avanzadas y consejos de usuario no oficiales. Es posible que descubras atajos de voz para tareas

específicas o funcionalidades ocultas que mejoren tu interacción.

13. **El poder de "Hey Rabbit" (o lo que elijas)**: ¡Personaliza tu palabra de activación! Estás cansado de decir "Hola Conejo?" Cámbiela por una frase más cómoda (dentro de los parámetros permitidos) para crear una experiencia de interacción de IA verdaderamente personalizada.

14. **La retroalimentación es esencial**: El R1 se nutre de la retroalimentación. Si el asistente de IA no le entiende bien, no tema corregirlo cortésmente. Más allá de las correcciones básicas, considere brindar comentarios a través de canales oficiales o foros en línea. Esto ayuda a los desarrolladores a mejorar constantemente las capacidades del R1.

15. **Refrescando la memoria**: Para restablecer la memoria del Rabbit R1 y borrar los chats anteriores, simplemente presione el botón lateral cinco veces (5X) mientras está en la página de inicio. Este consejo es crucial al iniciar una nueva sesión de indicaciones, asegurando que las respuestas se basen en un borrón y cuenta nueva sin ninguna interferencia de interacciones anteriores.

Al dominar estos consejos y técnicas de comunicación inteligente, desbloqueará todo el potencial del Rabbit R1 y lo transformará en su compañero de IA ideal para conquistar sus tareas diarias.

Comprensión del modelo de acción grande (LAM)

El modelo de acción grande (LAM) del Rabbit R1 es una innovación clave que facilita interacciones fluidas con las aplicaciones. Inspirándose en LLM (Large Language Models) existente, LAM establece vínculos asociativos entre elementos de la interfaz, capturando la esencia de las aplicaciones. Esta metodología interpretativa difiere de los modelos tradicionales de IA centrados únicamente en el código de la aplicación.

LAM aprovecha extensos conjuntos de datos compilados por el equipo de Rabbit, que detallan las interacciones humanas con las interfaces. Al aprovechar estos ejemplos, LAM evita la necesidad de aprender flujos de trabajo desde cero, acelerando la alineación con los usuarios aprovechando la inteligencia colectiva.

Al priorizar la perspectiva humana sobre la mera programación de software, LAM decodifica solicitudes de manera flexible y navega por nuevos escenarios de manera adaptativa. Incluso ofrece comentarios para el refinamiento, cerrando la brecha existente entre los usuarios y los sistemas para facilitar la colaboración sin esfuerzo.

Convertir expresiones del lenguaje natural en secuencias ejecutables exige una comprensión profunda del contexto y la intención. Ya sea que la tarea sea tan sencilla como "comprar entradas para el cine" o tan compleja como "planificar un viaje de fin de semana para el aniversario", el Rabbit R1 analiza con precisión los detalles, cortesía de LAM.

Impulsado por una arquitectura de red neuronal optimizada para la inferencia de varios pasos, LAM hace referencia a señales contextuales relevantes para destilar la esencia del habla, orquestando acciones entre las aplicaciones involucradas sin problemas y al mismo tiempo brinda actualizaciones en tiempo real a los usuarios.

Con LAM aprovechando técnicas de IA como el aprendizaje por refuerzo y las redes basadas en transformadores, el Rabbit R1 perfecciona continuamente su adaptación a los matices lingüísticos. Las métricas de rendimiento actuales señalan áreas que necesitan más datos de capacitación, mejoran la comprensión y aumentan el rendimiento de la palabra a la acción a medida que se expande su vocabulario y experiencia situacional. Esta fusión de IA avanzada y patrones de comportamiento humano reales permite un control de voz sin esfuerzo sobre las aplicaciones.

Capítulo 5

El menú de configuración

Tu Rabbit R1 tiene algo más que un exterior de aspecto divertido. Tiene un menú de configuración para ajustar su experiencia con el dispositivo. Para acceder a la página de configuración, simplemente agite suavemente el dispositivo. Entremos y exploremos cada opción en el menú de configuración:

- **Brillo**: Puede personalizar el brillo de la pantalla del dispositivo R1 para adaptarlo a sus preferencias para una visualización óptima en cualquier condición de iluminación. Para ajustar el brillo, asegúrese de que el indicador esté en la opción de brillo, luego presione el botón lateral para acceder a la interfaz de brillo. Una vez allí, mantén presionado el botón lateral y usa la rueda de desplazamiento para ajustar el nivel de brillo a tu gusto. Cuando hayas terminado, suelta el botón y agita el dispositivo para volver al menú de configuración.

- **Volumen**: Esta función le permite ajustar la intensidad de los sonidos de voz, medios y sistema, lo que le permite ajustar con precisión la salida de audio del R1 para obtener respuestas y melodías nítidas. Para configurar esto, abra el volumen usando el botón lateral, luego use la rueda de desplazamiento para seleccionar Voz, Medios o Sonido del sistema. Presione el botón lateral para confirmar su selección, luego presione y mantenga presionado el botón lateral mientras usa la rueda de desplazamiento para ajustar el volumen según sus preferencias, ya sea alto o bajo. Suelta el botón lateral para volver a la interfaz anterior. Agite el dispositivo para volver al menú de configuración.

- **Bluetooth**: El R1 no es sólo un dispositivo independiente. Su capacidad Bluetooth le permite emparejarlo sin esfuerzo con su teléfono inteligente u otros dispositivos inalámbricos, lo que garantiza un intercambio fluido de información y entretenimiento. Para conectar otros dispositivos a tu R1, simplemente accede a la opción Bluetooth usando el botón lateral. Asegúrese de que el Bluetooth de su dispositivo esté habilitado. Luego puede buscar dispositivos cercanos con Bluetooth habilitado. Utilice la rueda de desplazamiento para seleccionar el dispositivo que desee si se detectan varios dispositivos. Presione el botón lateral para establecer una conexión. Agite el dispositivo para volver al menú de configuración una vez que se complete el emparejamiento.

- **Red**: Mantenerse conectado es primordial. La configuración de red le permite conectar el R1 a puntos de acceso Wi-Fi o redes celulares disponibles si está utilizando una tarjeta SIM, lo que garantiza una integración perfecta. Sin conexión a Internet, el R1 no puede cumplir su propósito. Para configurar esto, acceda a la opción de red y use la rueda de desplazamiento para elegir una red celular o una red Wi-Fi si hay varias opciones disponibles. Después de seleccionar la red deseada, gire su dispositivo para activar el teclado (asegurándose de que el lado con la rueda de desplazamiento mire hacia abajo). Ingresa la contraseña correcta para el Wi-Fi elegido y presiona el botón lateral para conectarte. Tras una conexión exitosa, agite su dispositivo para volver al menú de configuración.

- **Seguridad**: Al igual que otros dispositivos digitales populares, su R1 merece seguridad. La configuración de seguridad ofrece opciones para administrar contraseñas y controlar el acceso a otras funciones específicas, manteniendo segura su información personal.

- **Apagado**: ¡Incluso los conejitos necesitan descansar! El poder de configuración le permite apagar completamente el R1 cuando haya terminado de usarlo. Esto conserva la vida útil de la batería y le brinda una desintoxicación digital cuando sea necesario.

- **Habilitar terminal**: Activar esta opción es crucial para desbloquear numerosas funciones en el Rabbit R1. Por ejemplo, el teclado sólo aparecerá si esta opción está habilitada. Para activarlo, navega hasta él con la rueda de desplazamiento mientras estás en el menú de configuración y simplemente presiona el botón lateral. Si la barra indicadora se vuelve naranja, la opción está activa; de lo contrario, está apagado.

- **Acerca de**: Tienes curiosidad sobre el funcionamiento interno de tu R1 y el equipo que lo respalda? La sección "Acerca de" ofrece información básica sobre la versión del software y las especificaciones del hardware. Piense en ello como mirar debajo del capó para ver qué es lo que motiva a su compañero de IA.

- **Cumplimiento y descargo de responsabilidad**: Estas secciones tratan los aspectos legales. Muestran las reglas y limitaciones que rodean el funcionamiento del R1, similar a la letra pequeña de un manual de usuario. No es la lectura más interesante, pero es importante para garantizar el uso responsable de su dispositivo.

Tenga en cuenta que esto marca solo la fase inicial del dispositivo R1. A medida que el R1 continúa evolucionando, se pueden incorporar características adicionales al menú de configuración, brindando más vías para personalizar su experiencia. Por eso, por ahora, aprovecha la oportunidad para explorar, experimentar y convertir tu Rabbit R1 en algo verdaderamente único.

El menú de configuración

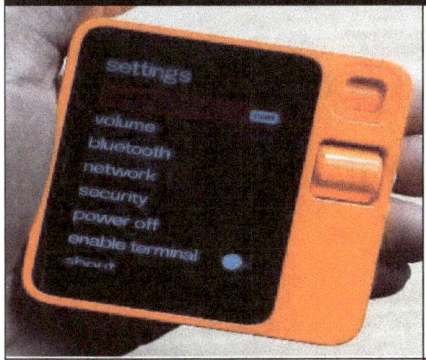

Agite el dispositivo para acceder al menú de configuración.

Mantenga presionado el botón lateral y use la rueda de desplazamiento para ajustar el brillo.

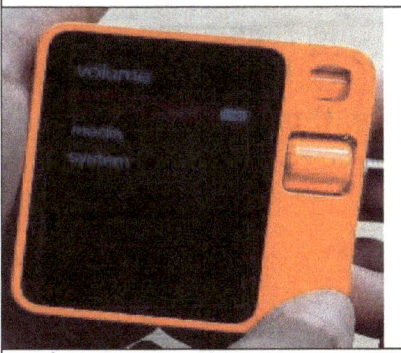

Aquí puede configurar la voz, los medios y el volumen del sistema.

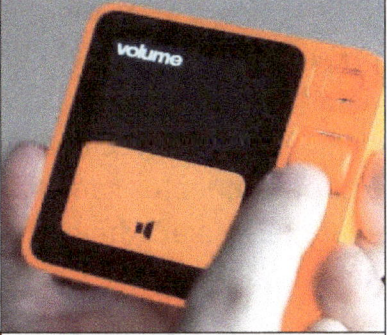

Configure el volumen de la misma manera que configura el brillo.

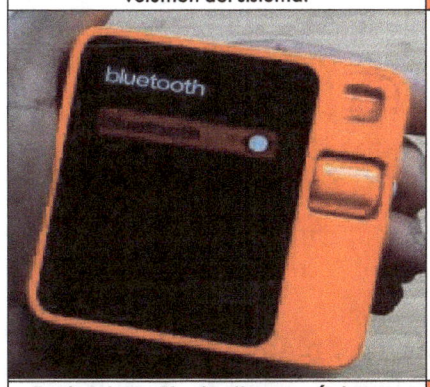

Encienda su Bluetooth y conéctese a otros dispositivos Bluetooth disponibles.

Elija una red celular o Wi-Fi para conectarse

Capítulo 6

Privacidad y seguridad del Rabbit R1

A medida que los asistentes digitales y los dispositivos domésticos inteligentes con micrófonos siempre encendidos se vuelven omnipresentes, aumentan las preocupaciones sobre la privacidad sobre la cantidad de datos que se capturan sin el consentimiento del usuario. Con demasiada frecuencia, las conversaciones y comportamientos sensibles codificados en grabaciones de audio terminan alimentando análisis con fines de lucro en lugar de satisfacer las necesidades de los usuarios.

Aprendiendo de estos errores, Rabbit diseñó intencionalmente el Rabbit R1 para escuchar solo cuando se le solicite explícitamente. Su botón de pulsar para hablar montado en el lateral activa el micrófono manualmente, lo que garantiza que los datos de audio solo se recopilen durante la interacción intencional. Este mecanismo táctil permite a los usuarios controlar cuándo se produce la interacción.

Como un walkie-talkie, el Rabbit R1 mantiene el silencio hasta que el usuario presiona el botón y habla. Al soltarlo se detiene la grabación instantáneamente. Este modo sencillo de interacción intencional refuerza la privacidad y transparencia de los usuarios a nivel de hardware sin comprometer la utilidad.

El papel del micrófono

El conjunto de audio del micrófono del R1 desempeña un papel fundamental a la hora de unir los mundos físico y digital. Compuesto por una matriz de 5 micrófonos con cancelación de ruido y formación de haces para una direccionalidad ultraprecisa, capta voces claramente dentro de un radio de 18 pies y suprime los sonidos ambientales.

Este estrecho enfoque permite una transcripción precisa incluso en entornos concurridos. La cancelación de eco multicanal refina aún más la calidad de entrada para un reconocimiento de voz impecable. El silicio dedicado en el dispositivo acelera el procesamiento de audio para minimizar la latencia.

Cuando no se activa manualmente, no se transmite ningún audio desde el dispositivo, independientemente de los sonidos circundantes. A nivel de circuito, los micrófonos permanecen apagados para eliminar la posibilidad de escuchas inadvertidas. De este modo, los usuarios disfrutan de experiencias interactivas mejoradas y de total privacidad.

El compromiso de privacidad de Rabbit con el diseño de infraestructura

La privacidad de extremo a extremo también impregna la infraestructura de Rabbit R1. Rabbit evita rastrear a los usuarios a través de aplicaciones para informar anuncios o generar informes de perfil de usuario. El R1 utiliza exclusivamente datos de origen ofrecidos de forma consensuada para prestar los servicios solicitados.

En el lado de la canalización de datos, las entradas de audio se transcriben instantáneamente y luego se descartan en el posprocesamiento en lugar de almacenarse a largo plazo. Solo se guardan los registros de interacción críticos para mejorar las capacidades del sistema. Estos registros excluyen todos los detalles de identificación del usuario y utilizan identificadores anónimos para analizar patrones de uso agregados.

Al acceder a aplicaciones de terceros disponibles, el R1 requiere que los usuarios inicien sesión, se conecten e inicien sesión a través del portal Rabbithole en lugar de extraer credenciales externamente. Esto mantiene las mejores prácticas de seguridad en torno a la autenticación. Después del inicio de sesión, los permisos mantienen un alcance limitado a la finalización momentánea de la tarea según el acceso delegado que los usuarios proporcionan durante los flujos de autorización.

Autenticación y seguridad del usuario

Para mantener estrictos estándares de privacidad, el R1 emplea autenticación multifactor al vincular cuentas de usuario. Esto evita el acceso no autorizado incluso si las contraseñas se ven comprometidas externamente. En actualizaciones posteriores, se espera que se realice la verificación en dos pasos en aplicaciones asociadas con casos de uso altamente confidenciales.

Los servidores de Rabbit nunca transmiten ni retienen los datos de inicio de sesión; este enfoque aumenta la seguridad de la contraseña con menores riesgos. Combinado con auditorías de seguridad periódicas realizadas por el equipo de Rabbit, el R1 ofrece protección a prueba de fallos contra ataques de malware a la información almacenada o la actividad del usuario.

Limitaciones del compañero de IA Rabbit R1

Si bien el Rabbit R1 brilla como un amigable compañero de IA, comprender sus limitaciones te permitirá optimizar tu experiencia. He aquí un vistazo a sus deficiencias:

1. Curva de aprendizaje para nuevos usuarios:
Aunque está diseñado para ser fácil de usar, existe una

ligera curva de aprendizaje, especialmente para los principiantes en IA. Esté preparado para dedicar algo de tiempo a comprender las características y capacidades únicas del R1 leyendo este manual.

2. Horizontes de hardware: Aunque potente, el R1 no posee la eficiencia de procesamiento de algunos teléfonos inteligentes y computadoras de última generación. Esto podría obstaculizar su capacidad para manejar tareas pesadas o hacer malabarismos con múltiples solicitudes exigentes a la velocidad del rayo. Además, el Rabbit R1 no viene con cables, cargadores ni auriculares, tendrás que proporcionártelos tú mismo.

3. Alianzas de aplicaciones: La capacidad del R1 para comunicarse con otras aplicaciones depende de sus capacidades de integración. Por ahora, sólo las aplicaciones presentes en la plataforma Rabbithole se pueden conectar y utilizar con el dispositivo R1. Esperamos que futuras actualizaciones hagan que la integración de aplicaciones sea más flexible.

4. Resistencia de la batería: Si bien Rabbit promete una aventura que durará todo el día, su kilometraje puede variar según la intensidad con la que interactúe con su compañero de IA. Es posible que los usuarios avanzados necesiten cargar con más frecuencia.

5. Dependencia de Internet: Las alas del R1 se cortan sin una conexión a Internet fuerte y estable. Si encuentra frecuentes problemas de conectividad o encuentra agujeros negros en Internet, su rendimiento podría caer en picado.

6. Fronteras Físicas: La forma compacta y el tamaño de la pantalla del R1 limitan su destreza para tareas que requieren una interacción física extensa o grandes presentaciones visuales. Piense en proyectos delicados como análisis de datos o maratones de películas y se hará una idea.

7. Privacidad y Seguridad: Como cualquier dispositivo al que se le confía su vida digital, el R1 abre puertas a posibles preocupaciones de privacidad y seguridad, aunque sean mínimas. Asegúrese de confiar en las defensas de Rabbit R1 y siéntase cómodo realizando actualizaciones tan pronto como se publiquen.

Las limitaciones descritas anteriormente no pretenden desanimarlo; más bien, su objetivo es brindarle una mayor conciencia y aprecio por navegar por la R1. Concéntrate en sus puntos fuertes y desbloquea todo el potencial de tu amigable compañero de IA.

Capítulo 7

101 cosas que tu Rabbit R1 puede hacer
(Avisos de voz inteligentes incluidos)

Aquí hay una lista ampliada de 101 cosas que hacer con Rabbit R1, considerando tanto sus funcionalidades integradas como las posibles integraciones de la aplicación Rabbithole:

Funcionalidades básicas:

- **Checa el clima**

    Inmediato: "Cómo es el tiempo hoy?

- **Obtenga datos aleatorios**

    Inmediato: "Cuál fue el primer modelo de avión comercial que existió?

- **Leer noticias**

    Inmediato: "Puedes leer los titulares de las noticias de hoy?

- **Reproducir música**

  Inmediato: "Tócame [título de la canción] de [nombre del artista o banda]"
  Nota: (para que este mensaje funcione, su cuenta de Spotify debe estar conectada al portal Rabbithole)

- **hacer cálculos**

  Inmediato: "Cuánto es 21 + 27 x 45?

- **Redactar un mensaje de cumpleaños**

  Inmediato: "Hoy es el cumpleaños de mi madre, por favor ayúdame a redactar un mensaje perfecto para ella"

  Nota:*(Utilice el teclado para esta solicitud para poder copiar fácilmente el mensaje cuando termine de generarse)*

- **Buscar definiciones**

  Inmediato: "Cuál es el significado del diccionario de [inserte cualquier palabra en inglés]?"

- **Convertir unidades (por ejemplo, temperatura, moneda)**

  Inmediato: "Qué es [insertar moneda o unidades] cuando se convierte a [insertar moneda o unidades]?"

- **Juega un sencillo juego de preguntas**

    Inmediato: "Juguemos a un juego de trivia, hazme cualquier pregunta y te daré una respuesta"

    Tu respuesta: "Mi respuesta es [diga su respuesta]. Estoy en lo correcto? Si me equivoco, dame la respuesta correcta y hazme otra pregunta".

    Presiona el botón lateral 5 veces para actualizar la memoria del asistente cuando hayas terminado de jugar el juego de trivia.

- **Utilice el R1 para leer un fragmento de texto**

    Haga clic en el botón lateral dos veces para activar la cámara. Coloque la cámara frente al texto deseado (asegúrese de que las imágenes sean lo suficientemente claras para que el dispositivo las analice).

    Proceda a utilizar el siguiente mensaje.
    Inmediato: "Lea el texto de esta imagen"

- **Crea listas de compras o genera recetas.**

    Inmediato: "Quiero hacer [insertar nombre del plato], ayúdenme con una receta adecuada para una familia de 3"

- **Genera ideas**

    Inmediato: "Cuál es la mejor manera de [insertar con qué necesita ayuda]?"

Ideas de entretenimiento:

- **Revisar películas con Rabbit AI**

  Inmediato: "Cuéntame todo lo que necesito saber sobre la película de 1994 de Jim Carrey llamada La Máscara"

- **Pídele que te cuente chistes.**

  Inmediato: "Cuéntame un chiste muy gracioso sobre [agregar cualquier tema]"

- **Identifica la música que suena a tu alrededor**

  Con música a todo volumen de fondo, mantenga presionado el botón lateral y use el siguiente mensaje:

  Inmediato: "Cuál es el título de la canción que suena de fondo?" (Permítale escuchar por un momento antes de soltar el botón lateral).

- **Dile que analice un programa de televisión.**

  Inmediato: "Cuál es la trama de la comedia de 1994 llamada Friends?"

- **Encuentra centros recreativos cercanos**

  Inmediato: "Vivo en Austin, Texas, y quiero celebrar el cumpleaños de mi hija de 5 años. Puedes decirme lugares donde puedo llevarla para que se divierta al máximo?"

- **Transmitir podcasts**

  Nota:*Asegúrese de que su R1 esté conectado a Spotify en el portal Rabbithole antes de probar este mensaje.*

  Inmediato: "Juega como el experto en sillones Episodio 3 del podcast"

- **Aprende hechos aleatorios**

  Inmediato: "Cuéntame un dato aleatorio pero interesante sobre [agregar cualquier tema]"

- **Generar historias**

  Inmediato: "Cuéntame un cuento breve e interesante antes de dormir sobre [agregar cualquier tema]"

- **Aprende una nueva palabra**

  Inmediato: "Qué otras palabras puedo usar en lugar de [agregue cualquier palabra en inglés]?"

- **planificar una fiesta**

    Inmediato: "Quiero planificar una fiesta para mis compañeros de la universidad, pueden darme alguna idea sobre cómo hacer que sea un éxito?"

Indicaciones de aprendizaje y productividad:

- **Pídale que le explique conceptos científicos.**

    Inmediato: "Explique el término científico [término científico] de manera que un niño de 5 años pueda entenderlo"

- **Traducción multidireccional**

    Inmediato: "Traducir del inglés al francés"

    El R1 activará el traductor y podrás comenzar a hablar en el idioma seleccionado para que traduzca lo que dijiste.

    Cuando termines de hablar, suelta el botón lateral y el asistente R1 te proporcionará una traducción perfecta de lo que dijiste.

    Puede detectar cuándo estás hablando el segundo idioma y te dará una traducción al inglés tan pronto como termines de hablar.

Reinicie el dispositivo R1 presionando el botón lateral cinco veces cuando haya terminado de usar el servicio de traducción..

- **Aprende sobre eventos en la historia.**

    Inmediato: "Quién fue el trigésimo presidente de Estados Unidos y cuánto duró su gobierno?"

- **Úsalo como instructor de gimnasio.**

    Inmediato: "Dame ejemplos de ejercicios que pueda hacer todas las mañanas para desarrollar mi [nombra la parte de tu cuerpo que te gustaría desarrollar]"

- **Detectar especies de plantas**

    Este mensaje implica el uso de la cámara de visión, así que antes de comenzar, asegúrese de que su cámara esté activa y apuntando a la planta.

    Inmediato: "Cómo se llama esta planta y de dónde es originaria?"

- **Obtenga un resumen rápido de un evento deportivo**

    Inmediato: "Dame un breve resumen de las finales individuales masculinas de Wimbledon en el año 2019"

- **Úselo para estudiar**

    Inmediato: "Recomiéndenme 5 libros financieros que puedan enseñarme sobre dinero e inversión"

- **Traducir menús de restaurantes o señales de tráfico mientras viaja**

    Para realizar estas tareas, puede utilizar el comando de voz, el teclado o la cámara de visión (específicamente para leer señales de tráfico).

    Inmediato: "Cuáles son los ingredientes que se utilizan para hacer sushi?"

    (Apunte la cámara R1 hacia el letrero de la calle y use el mensaje a continuación)

    Inmediato: "Dime qué significa este letrero de la calle"

- **Investiga proyectos o reparaciones simples de bricolaje.**

    Inmediato: "Enséñame a plantar tomates en mi patio trasero" o "Enséñame a arreglar una tubería que gotea"

- **Crear un presupuesto**

    Inmediato: "Vivo en la ciudad de Nueva York y gano $1000 cada semana, dame un presupuesto que pueda ayudarme a ahorrar $50 cada semana de los $1000"

Información y comunicación:

- **Obtenga cotizaciones de acciones y actualizaciones de noticias financieras**

  Inmediato: "Cuál es el precio actual de las acciones de [nombre de la empresa]?"

  "Dame las últimas noticias financieras".

- **Consulta resultados deportivos y horarios.**

  Inmediato: "Cuál es el resultado actual del partido de fútbol entre [Ingrese los nombres de ambos equipos]?"

- **Busque información de vuelos e itinerarios de viaje.**

  Inmediato: "Dígame si hay algún retraso en los vuelos que llegan a [código de aeropuerto] hoy".

  "Hay alguna opción de vuelo más barata disponible para mi viaje a [ciudad de destino] el [fecha]?"

- **Encuentre opciones o direcciones de transporte público**

  Inmediato: "A qué hora llega el próximo autobús a [nombre de la parada]?"

  "Muéstrame el horario del tren para llegar a [estación de destino]".

- **Investiga los próximos eventos en tu área**

    Inmediato: "Hay algún evento [tipo de evento] que se llevará a cabo en [su ciudad] el próximo mes?" (p. ej., exposiciones de arte, espectáculos de comedia, eventos deportivos)

- **Busque reseñas de música o calificaciones de restaurantes**

    Inmediato: "Muéstrame algunas reseñas de [nombre de la canción] de [nombre del artista]".

    "Cuáles son las críticas de [nombre del restaurante]? Tienen opciones vegetarianas?"

- **Encuentra instrucciones de cocina**

    Inmediato: "Muéstrame una receta de [nombre del plato] con instrucciones paso a paso".

- **Úselo como diccionario de sinónimos**

    Inmediato: "Muéstrame cómo se usa la palabra [palabra] en una oración".

- **Consultar retrasos en los vuelos**

    Inmediato: Si tiene su número de confirmación a mano, puede probar este mensaje.

    "Se retrasa mi viaje con número de confirmación [número de confirmación]?"

- **Encuentra centros de salud cerca de ti**

    Inmediato: "Busque [tipo de centro de salud] cerca de mí". Puede ser una clínica pediátrica, una clínica de salud de la mujer, etc.

Fotografía y Creatividad:

- **Aprende a tomar buenas fotografías de noche.**

    Inmediato: "Puedes explicarme cómo tomar fotografías de larga exposición por la noche?"

- **Aprende técnicas fotográficas interesantes.**

    Inmediato: "Enséñame sobre las perspectivas en la fotografía"

- **Crea un logotipo de producto con Midjourney**

    Inmediato: "Genere un logotipo profesional para un producto llamado [nombre del producto] que utilice un [símbolo/forma] como elemento principal"

    Nota: *Para que este mensaje funcione, debe conectar su cuenta de Midjourney al portal Rabbithole.*

- **Obtenga una descripción profesional de una imagen**

  Primero, active la cámara haciendo clic dos veces en el botón lateral. Luego apúntelo hacia una foto o un cartel callejero y luego mantenga presionado el botón lateral mientras usa el siguiente mensaje:

  Inmediato: "Actúa como un fotógrafo profesional con muchos años de experiencia, dame una descripción detallada de esta imagen"

- **Recitar un poema**

  Inmediato: "Recita un poema sobre [agrega el tema del poema que deseas que recite]"

- **Generar ideas poderosas para un libro de cuentos.**

  Inmediato: "Dame una idea para un libro de cuentos que sea adecuado para niños de entre [categoría de edad]"

- **Descubre letras de canciones**

  Inmediato: "Lea la letra de una canción titulada [agregue el título]" de [nombre del artista]".

- **Analizar productos en el supermercado.**

  Active y apunte la cámara a la descripción ubicada en la parte posterior del producto y luego utilice este mensaje.

  Inmediato: "Según la descripción de este producto, es bueno para niños de entre [rango de edad]?"

- **Pruebe su precisión de visión**

  Después de activar la cámara, apúntala a un objeto pero no le preguntes qué es el objeto, pregúntale si es otro objeto aparte del que era originalmente.

  Inmediato: "Es esto una naranja?" (Apunta la cámara a un balón de fútbol. Pruébalo con muchos otros objetos para saber cuántas veces fallará la prueba)

- **Úsalo para practicar canto.**

  Inmediato: "[cantar parte de cualquier canción] Canté la canción correctamente? Es una canción titulada [título de la canción] de [nombre del artista]".

Usos avanzados:

- **Convierta una tabla escrita a mano a CSV y recíbala por correo**

  Esta tarea no es tediosa, todo lo que necesita hacer es activar la cámara, dibujar una tabla con varias filas y columnas y completarla con datos o también puede apuntar la cámara a una tabla existente y luego usar el siguiente mensaje:

  Inmediato: "Esta es una hoja de cálculo con información importante, agrega una nueva fila en la primera columna y agrega la palabra [agregar cualquier palabra] en ella, y envíala a mi correo como un archivo CSV"

  (Recibirás el correo con tu archivo adjunto en menos de 10 segundos)

- **Grabar una reunión o seminario**

  Inmediato: "Inicie la grabadora de voz"

  Nota: *Desplace la rueda hacia abajo y presione el botón lateral para dejar de usar la grabadora. Puede obtener una vista previa del audio grabado en el portal Rabbithole junto con un resumen escrito de la grabación que puede editar para satisfacer sus necesidades específicas.*

- **Tener una conversación seria**

    Inmediato: "Actúa como un terapeuta profesional y cuéntame posibles motivos por los que siempre me enfado"

    Mantenga la conversación hasta que el asistente de Rabbit responda todas sus preguntas sobre ese tema.

- **Pide un Uber**

    Nota: Para que este mensaje funcione, su cuenta Uber debe estar conectada al portal Rabbithole.

    Inmediato: "Puedes conseguirme un Uber para [nombre de la ubicación]?"

    El dispositivo le pedirá que confirme la recogida eligiendo Trabajo o Casa (mantenga presionado el botón lateral para hacer su elección).

    Desplácese hacia abajo para Continuar y haga clic en él.

    Confirmar la entrega en Casa o Trabajo

    Elige una opción entre las tres [Uber X, Uber XL o Uber Black]

    Ingrese su PIN usando la rueda de desplazamiento y el botón lateral y confirme el pedido.

- **Ordenar comida**

  Para ejecutar esta tarea, su cuenta Doordash debe estar conectada al portal Rabbithole.

  Inmediato: "Ordene comida de Doordash" o "Quiero pedir comida"

  El asistente del conejo abrirá la aplicación para que puedas ver qué alimentos hay disponibles.

  Utilice la rueda de desplazamiento para consultar el menú y utilice el botón lateral para seleccionar cualquier comida que desee.

  Cuando haya terminado de seleccionar, desplácese hacia abajo y haga clic en la opción Carrito usando el botón lateral.

  Se abrirá el carrito y se mostrará todo lo que acaba de ordenar. Haga clic en Pagar.

  La caja calculará y mostrará su factura. Haga clic en el botón lateral para Pagar. Se le pedirá que ingrese su contraseña usando la rueda de desplazamiento y el botón lateral. Ejecutará la orden si ingresa el código correcto.

- **Interpretar texto complejo**

  Esta tarea implica el uso de una cámara de visión. Una vez que la cámara apunte al documento, utilice el siguiente mensaje:

Inmediato: "Este es un documento de mi arrendador, dígame el mensaje exacto que el documento intenta transmitir"

- **recordar una canción**

  Inmediato: "No recuerdo una canción pero tiene la letra [di la letra que recuerdes]"

- **Explicar los datos sin procesar.**

  Nota: Esta tarea implica el uso de la cámara Rabbit r1. Apunte la cámara a un reloj de pared y utilice este mensaje:

  Inmediato: "Dime qué hora es mirando el reloj de pared"

- **leer un grafico**

  Nota: Esta tarea implica el uso de la cámara. Apunte la cámara hacia una hoja o pantalla que contenga un gráfico claro y utilice el siguiente mensaje:

  Inmediato: "Explique este gráfico como un estadístico profesional, haga que la explicación sea lo suficientemente fácil de entender para que cualquiera pueda entenderla"

- **hacer preguntas compuestas**

  Puede usar la cámara para este mensaje o simplemente usar solo el comando de voz.

Inmediato: "Qué es esta especie de planta y cómo puedo cuidarla adecuadamente?" o "Entre la guitarra acústica y la electrónica, cuál es más adecuada para un principiante?"

Usos no convencionales:

- **Úselo para estudiar formaciones de nubes.**
  Enciende tu cámara y apúntala hacia las nubes.
  Inmediato: "Cómo se llama esta formación de nubes?"

- **Desafía a la IA del Conejo a una batalla de rap**

  Inmediato: "Intenta rapear mejor que yo, aquí está mi verso [empieza a rapear]"

- **Graba sonidos de animales y objetos, luego pídele al R1 que los identifique.**

  Usa tu teléfono para reproducir el sonido que acabas de grabar después de decirle a tu conejo r1 que identifique el animal u objeto por el sonido.

  Inmediato: "Qué objeto o animal hace este sonido?"

- **Escribe un ensayo**

    Inmediato: "Escríbeme un ensayo de [dígale al dispositivo de qué debería tratar el ensayo]"

    Nota:*Inmediatamente que haya terminado de hablar, simplemente gire el dispositivo para mostrar el teclado siguiendo el paso que le mostré anteriormente y su ensayo aparecerá en forma escrita aunque el dispositivo Rabbit r1 seguirá hablando mientras escribe.*

Ocio:

- **Obtenga recomendaciones de libros sobre temas específicos**
  Inmediato: "Sugiérame libros adecuados para leer si quiero aprender más sobre [diga el tema]"

- **Obtén información sobre rutas de senderismo en tu zona**
  Inmediato: "Quiero dar un paseo refrescante. Por favor, sugiérame bonitas rutas de senderismo cerca de mí"

- **Aprende a tocar un instrumento.**
  Inmediato: "Enséñame a tocar [diga el nombre de un instrumento musical]"

- **Aprende a hornear**
  Inmediato: "Enséñame a hornear [nombra lo que quieres hornear]"

- **Genera imágenes de posturas de yoga.**
  Inmediato: "Generar una imagen de una postura de yoga popular"

  Nota: Para que este mensaje funcione, su cuenta de Midjourney debe estar conectada a su portal Rabbithole.

- **Aprende cosas nuevas sobre tu ciudad**
  Inmediato: "Actualmente resido en [nombre de la ciudad y país ubicado]. Puedes contarme una breve historia de esta ciudad?

Exploración del conocimiento:

- **Resumir un trabajo de investigación complejo**
  Nota: *Utilice su cámara para ejecutar esta tarea.*

  Inmediato: "Lea este trabajo de investigación y déme las conclusiones clave del mismo"

- **Obtén rutinas de entrenamiento personalizadas**
  Inmediato: "Soy [indique cuántos años tiene] [indique su género] y [indique su ocupación], deme una rutina de ejercicios que se adapte a mí"
- **Aprenda sobre la IA y las innovaciones tecnológicas modernas**
  Inmediato: "Quiero aprender sobre IA y las innovaciones tecnológicas modernas. Podría recomendarme a personas a las que pueda seguir en las redes sociales y de las que pueda aprender?"

- **Aprende datos científicos sobre tu cuerpo.**
  Inmediato: "Tengo [indique su edad] años [indique su sexo] y me gustaría saber más sobre mi cuerpo a esta edad"

- **Explora períodos históricos o descubrimientos científicos.**
  Inmediato: "Dime dos cosas que se descubrieron en el siglo XX" o "Dime tres cosas importantes que sucedieron durante la era egipcia"

Niños y familia:

- **Ideas de cuentos antes de dormir**
  Inmediato: "Mi hijo de tres años quiere que le cuente un cuento antes de dormir, puedes darme una idea para un cuento corto?"

- **Tocar canciones de cuna**
  Inmediato: "Ya es de noche y mi hija de dos años sigue llorando, por favor pónganle una canción de cuna para que se duerma"

- Genera una lista de tareas pendientes cada mañana
  Inmediato: "Es un nuevo día y me gustaría crear una lista de tareas pendientes para las siguientes tareas [tarea 1] [tarea 2] [tarea 3] [tarea 4], me gustaría terminar con todas las tareas anteriores [agregar una hora]"

- **Planifique un viaje de campamento familiar**
  Inmediato: "Hay algún campamento ideal para familias en [estado/región que le interesa]?"

  Siguiente mensaje: "Sugiera actividades divertidas al aire libre para familias mientras acampan y algunas recetas de fogatas que son perfectas para familias"

Siguiente conjunto de indicaciones: "Muestre una lista de verificación para acampar para una familia con [número] personas".

"Cuáles son algunas de las cosas esenciales que se deben empacar para un cómodo viaje de campamento?"

"Sugiera una lista de ropa para empacar para un viaje de campamento en [temporada].

- **Genera un plan de alimentación semanal saludable**
  Inmediato: "Cocino para una familia de [número], por favor generen un plan de alimentación para una semana que me facilitará cocinar"

Organización:

- **Úselo para ordenar**
  Inmediato: "Dame consejos profesionales sobre cómo liberar espacio en mi cocina"

- **Crear el itinerario de un día**
  Inmediato: "Hoy no voy a ir a trabajar, crea un itinerario que me ayude a disfrutar mi día"

- **Obtener dominio financiero**
  Inmediato: "Actualmente gano [escriba la cantidad], sugiero formas de ajustar mis gastos para mantenerme dentro de mi presupuesto"

- **Úselo para una lluvia de ideas**
  Inmediato: "Cuéntame algo sobre las numerosas técnicas de lluvia de ideas que conoces y recomienda la mejor para un grupo de tres fundadores"

- **Cree una lista de verificación para tareas cruciales**
  Inmediato: "¿Cuáles son las cosas más importantes que no debo olvidar al realizar [tarea]?"

Usos divertidos:

- **Visitas virtuales**
  Inmediato: "Llévame a un recorrido virtual 'guiado por voz' de [ubicación]. Por ejemplo, museos, sitios históricos o incluso una escuela.

- **Adivinación**
  Puedes pedirle al Rabbit R1 que te diga fortunas tontas mediante indicaciones de voz.
  Inmediato: "¿Tendré motivos para sonreír hoy?"

- **componer una canción divertida**
  Inmediato: "Voy a la fiesta de un amigo y habrá un concurso de canto, podrías enseñarme una canción divertida que los haga reír?"

- **Genera apodos tontos para tus amigos**
  Inmediato: "Tengo [agregue el número de amigos] amigos cercanos a quienes me gustaría ponerles apodos divertidos, pueden darme sugerencias?"

- **Genere o busque cotizaciones inteligentes para circunstancias específicas**
  Inmediato: "Generar/Buscar una cita inspiradora relacionada con [situación]. Discutir el significado de la cita y sus aplicaciones"

Interacción social:

- **Aprenda a comunicarse eficazmente**
  Inmediato: "Quiero aprender a comunicarme de manera efectiva, me gustaría que me dieran escenarios aleatorios y me preguntaran cómo me comunicaría de manera efectiva en tales situaciones. Si mi respuesta no es correcta, sugiera la mejor respuesta antes de darme el siguiente escenario".

- **Genere temas de conversación inteligentes**
  Inmediato: "Sugiera una pregunta divertida o que haga pensar para romper el hielo o iniciar una conversación relacionada con [tema]"

- **Líneas de recogida inteligentes**
  Inmediato: "Sugiere una frase inteligente para ligar que pueda impresionar a una chica que vi en el club".
  Nota: Puedes cambiar la ubicación y el género para obtener frases de recogida únicas e interesantes.

- **Generar complementos**
  Inmediato: "Puedes darme un complemento perfecto para [di lo que quieres complementar]? Ej. Puede ser la forma de vestir de una persona, su talento, su esfuerzo, su honestidad, etc."

Salud y Belleza:

- **Obtenga información sobre comidas saludables para su grupo de edad.**
  Inmediato: "Dame una lista de nutrientes esenciales para las personas en su grupo de edad [tu rango de edad]".

- **Descubre comunidades y eventos de fitness en tu ciudad.**
  Inmediato: "Pueden ayudarme a buscar comunidades de fitness o eventos que tendrán lugar este mes en mi ciudad?"

- **Aprende ejercicios de respiración.**
  Inmediato: "Enséñame una técnica de respiración popular y eficaz para relajarme y aliviar el estrés".

- **Genera afirmaciones positivas**
  Inmediato: "Dame afirmaciones positivas para aumentar mi confianza en mí mismo para hoy".
  Nota: Puede obtener afirmaciones positivas sobre cosas como el manejo del estrés, el logro de metas, la paz interior, la fuerza, etc.

Cosas que hacer con su dispositivo Rabbit R1

Grabar reuniones y diálogos.

Úselo para traducción multidireccional.

Pregúntele cómo tocar un instrumento musical específico.

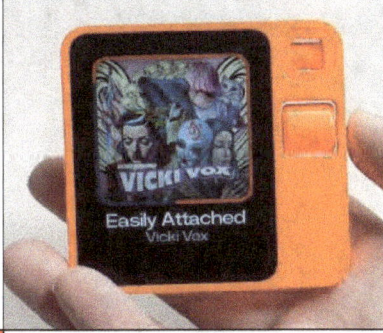
Reproduce tu música favorita.

Ordene comida y bebidas.

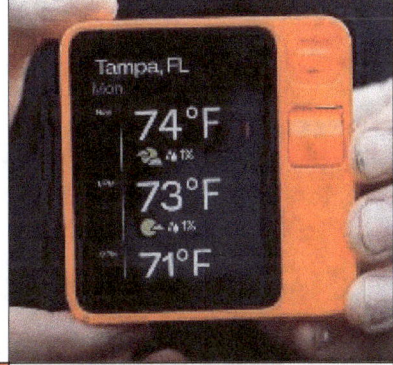
leer el clima

Cosas que hacer con su dispositivo Rabbit R1

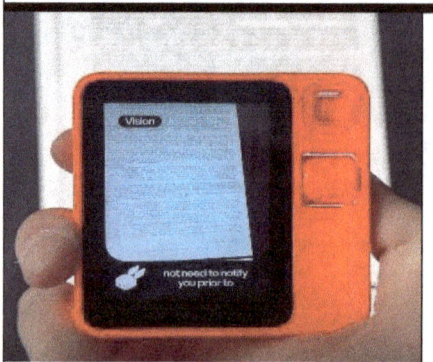
Leer y analizar un documento.

Pregúntele cómo cuidar adecuadamente una planta.

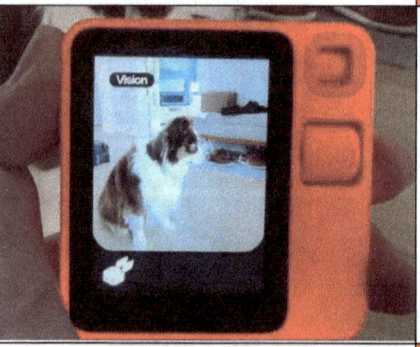
Identifica razas de perros y descubre qué aman

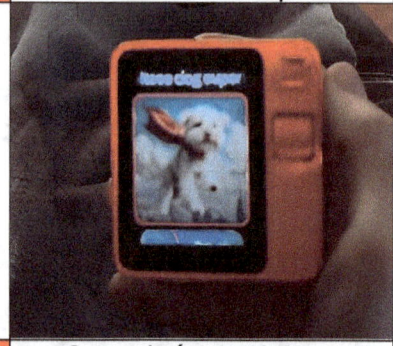
Genera imágenes de IA en Midjourney

Pide un Uber

Obtenga datos sin procesar de sus dispositivos electrónicos

Beneficios de planificar un viaje con tu Rabbit R1

"Me gustaría planificar un viaje de una semana a Londres en junio saliendo desde San Francisco. Encuéntrame vuelos, hoteles y algunas actividades para hacer cuando esté allí".

Un aviso como este puede resultar útil. Expresar sus ambiciones de viaje en voz alta al Rabbit R1 desencadena una planificación de vacaciones sin esfuerzo a través de una solicitud conversacional. No se necesitan sitios web ni aplicaciones exigentes.

En un breve comando de voz, los usuarios detallan contextos cruciales: destino, duración, lugar de salida y componentes constituyentes de la reserva, como alojamiento y pasaje aéreo. El R1 analiza estas cláusulas declarativas con fluidez, asignando roles semánticos antes de extraer las restricciones pertinentes para la configuración del viaje; Periodo de junio, ubicación en Londres, lapso de 7 noches, etc.

Esta entrada de forma libre permite la creación de itinerarios efectivos. Los usuarios pueden expresar fácilmente sus deseos con la precisión que les resulte cómoda sin tener que rellenar formularios largos ni navegar por sitios web complicados. Rabbit OS se encarga del trabajo pesado y planifica una experiencia de viaje personalizada.

La planificación de vacaciones exige hacer malabares con infinitas opciones en torno a vuelos, alojamiento, atracciones locales y transporte. Afortunadamente, Rabbit R1 asimila estos detalles variables con las prioridades del usuario: preferencias de presupuesto, estilo de viaje, tamaño del grupo, etc.

Esta planificación automatizada por parte del asistente del conejo reduce la parálisis de elección. La revisión de los usuarios y las diferencias de costos a menudo pueden hacer perder un tiempo precioso que se puede dedicar a una planificación integral. Exponer su personalidad al asistente Rabbit r1 lo ayudará a obtener paquetes combinados y personalizados que reflejen su singularidad.

Al gestionar la logística de principio a fin después de una sola solicitud inicial, el R1 ofrece satisfacción sin gastos generales. El asistente también maneja de manera proactiva los cambios de itinerario y los flujos de trabajo de confirmación, lo que deja a los clientes libres para disfrutar de la anticipación sin el tedio administrativo.

Capítulo 8

Cuidando su R1: Instalación de la cubierta personalizada y el vidrio protector

Tu Rabbit R1 es un útil compañero de IA que te mantiene conectado e informado y te hace la vida un poco más fácil. Como cualquier otro dispositivo móvil, debes cuidarlo.

A continuación se ofrecen algunos consejos para garantizar que su Rabbit R1 se mantenga en óptimas condiciones.

Protegiendo su R1:

1. **Utilice una carcasa adecuada:** Un estuche resistente actúa como una capa adicional de seguridad, protegiendo su Rabbit R1 de golpes y rasguños. Mantiene su dispositivo como nuevo y ayuda a prevenir cualquier daño externo o interno que pueda ser causado por caídas accidentales.

2. **Protector de pantalla:** Un protector de pantalla es prácticamente el mejor amigo de la pantalla de su R1 porque una pantalla rayada o rota afectará en gran medida el valor y el rendimiento de su

dispositivo Rabbit R1. Para una apariencia brillante y clara, asegúrese de comprar un protector de pantalla de calidad para su dispositivo.

3. **Cuidado de la batería:** Evite mantener su dispositivo R1 en una bolsa o en cualquier espacio cerrado y cálido durante períodos prolongados, a menos que esté apagado. Cargar su dispositivo en un espacio cerrado representa un riesgo potencial de incendio y puede reducir la vida útil de su R1. Las baterías recargables, habituales en la mayoría de dispositivos móviles, generan calor durante la carga y descarga.

   Además, opte siempre por cargadores y accesorios originales. Las alternativas inferiores o incompatibles pueden dañar su R1 o disminuir su vida útil.

4. **Un espacio seguro:** El R1 viene en una carcasa transparente duradera que se puede convertir en un soporte simplemente abriéndola 180 grados. Con esta carcasa, puedes crear un espacio seguro para tu Rabbit R1 cuando no esté en uso. ¡Un escritorio, una estantería o un armario también pueden funcionar perfectamente! Esto reduce el riesgo de que lo atropellen o lo pisen.

5. **Manténgalo seco:** Como la mayoría de los dispositivos electrónicos, el agua no es el aliado más cercano de tu Rabbit R1. Evite usarlo bajo la lluvia,

mantenga bebidas y alimentos a distancia y manténgase alejado de piscinas y baños.

Limpiar su dispositivo R1:

Límpielo: Utilice un paño seco o toallitas con alcohol para limpiar suavemente el exterior de su Rabbit R1. Evite el agua, las toallitas húmedas para bebés y los limpiadores fuertes, ya que podrían introducir humedad no deseada.

Etiquetas de carga:

1. **Carga adecuada:** Desarrolle un hábito de carga que funcione mejor para usted. La duración de la batería de tu Rabbit R1 depende de la frecuencia con la que lo utilices. Se recomienda cargar su dispositivo de cero a cien por ciento al menos una vez por semana. Esto ayuda a prolongar la vida útil de la batería.

2. **Cuidado de la batería:** Para una salud óptima de la batería, considere apagar su Rabbit R1 por completo antes de cargarlo. Además, intenta mantener el nivel de la batería entre el 40% y el 80% siempre que sea posible.

Consejos de seguridad:

1. **Mantenlo cerca:** Tu Rabbit R1 es precioso, así que trata de no perderlo de vista. Prestarlo a otros, incluso con buenas intenciones, puede provocar daños accidentales.

2. **Informe antirrobo:** Asegúrese de informar al equipo Rabbit sobre su dispositivo R1 perdido o robado utilizando el portal Rabbithole. Dar este paso inteligente puede ayudar a proteger su dispositivo en caso de que se pierda.

Al implementar estas sencillas recomendaciones, puede garantizar el bienestar sostenido y la funcionalidad óptima de su Rabbit R1, asegurando que permanezca nuevo, fuerte y siempre preparado para ayudar durante un período prolongado.

Instalación de una máscara personalizada en su Rabbit R1

Comprar una máscara personalizada para su Rabbit R1 es una tarea emocionante y esta guía lo guiará a través del proceso de solicitud sin problemas.

Antes de que empieces

(Nota: para comprender mejor cómo aplicar la máscara personalizada a su R1, consulte las imágenes paso a paso en las páginas siguientes).

Antes de comenzar, asegúrese de tener un espacio de trabajo limpio lavándose las manos para eliminar cualquier contaminante y asegure una iluminación adecuada para una visibilidad óptima.

Qué está incluido

- Su diseño personalizado Rabbit R1 (que consta de componentes delanteros y traseros)
- Ropa de microfibra

Se necesita herramienta adicional

- Secador de pelo

Procedimiento de solicitud

Siga estas instrucciones paso a paso para aplicar su diseño personalizado Rabbit R1:

1. **Prepara tu conejo R1**
   Limpie meticulosamente su Rabbit R1 con un paño de microfibra para eliminar el polvo o las huellas dactilares.

2. **Aplicar la piel de la espalda**

    ✓ **Alinear la pieza trasera**

    - Localice los orificios del micrófono en la parte posterior.
    - Despegue parcialmente el respaldo de papel 3M.
    - Alinee la piel para ocultar el color naranja a través de los recortes.
    - Asegure firmemente el pliegue inicial.

    ✓ **Quitar el papel restante**
    Retire con cuidado el papel 3M restante.

    ✓ **Alinear características clave**

    - Estire ligeramente la piel para asegurar una alineación adecuada con la cámara, la rueda de desplazamiento y los recortes de los altavoces.

    ✓ **Asegure la piel**

    - Aplique presión a lo largo del centro de la piel de la espalda para adherirse a ella.

- ✓ **Aplicar solapas laterales**

  - Trabaja hacia afuera, doblando y envolviendo las solapas laterales de abajo hacia arriba.

- ✓ **Afrontar las esquinas**

  - Utilice un secador de pelo para suavizar las solapas expuestas.

  - Envuelva y asegure gradualmente las solapas alrededor de los bordes.

- ✓ **Suavizar los golpes**

  - Cualquier pequeño bulto o arruga se puede suavizar calentando las esquinas y frotando suavemente con el paño de microfibra.

3. **Suavizar el borde frontal**
    - Frote el borde frontal afilado de 10 a 15 veces con el paño de microfibra para suavizarlo.

4. **Aplique la cubierta de la bandeja SIM**
   Localice y aplique la pequeña bandeja SIM para cubrir la piel.

5. **Aplicar la piel frontal**
    - ✓ **Separe la piel con cuidado**
        - Separe con cuidado la cubierta frontal del papel 3M, asegurándose de que la parte de la pantalla permanezca adherida a la cubierta del bisel.
    - ✓ **Posición y seguridad**
        - Alinee la piel alrededor de la rueda de desplazamiento y la cámara.
        - Asegure la parte expuesta.
    - ✓ **Quitar el papel restante**
        - Retire con cuidado el respaldo de papel 3M restante.

- ✓ **Recorte de pantalla**
  - Despegue el recorte de la pantalla de la pestaña despegable y aplíquelo a la pantalla.

Solucionar errores menores

- **Bisel estirado?**
  Si la parte de la pantalla quedó atrás o la piel del bisel se estiró, simplemente retire el área afectada, colóquela sobre el papel 3M, caliéntela durante 5 segundos y vuelva a colocarla.

Últimos retoques

- Para ocultar los bordes anaranjados visibles alrededor del frente, caliente el borde donde se unen el frente y los lados y frótelo de 10 a 15 veces con el paño de microfibra.

¡Felicidades! Ha instalado con éxito su diseño personalizado Rabbit R1, personalizado según sus preferencias. Disfrute de su dispositivo con un estilo distintivo.

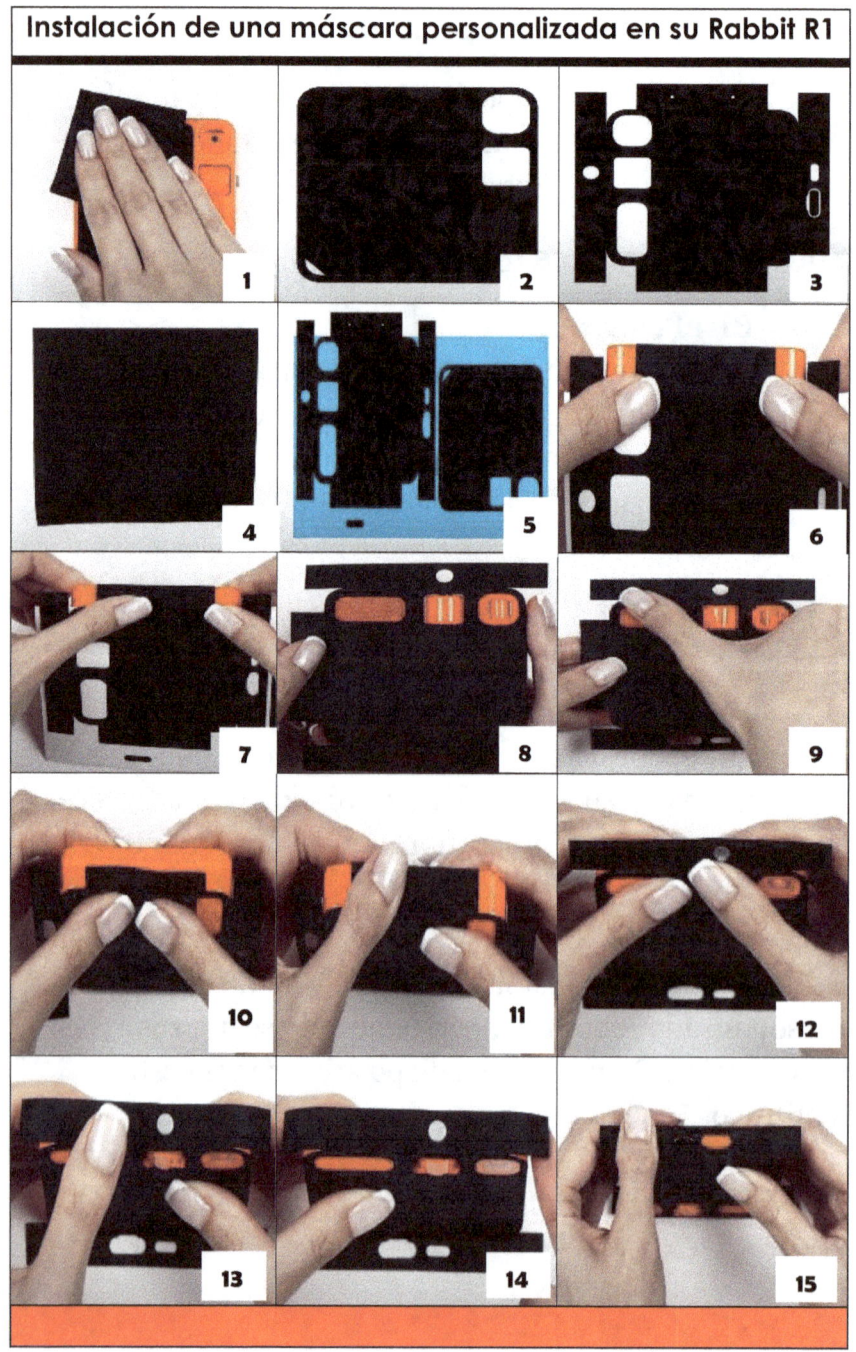

Instalación de una máscara personalizada en su Rabbit R1

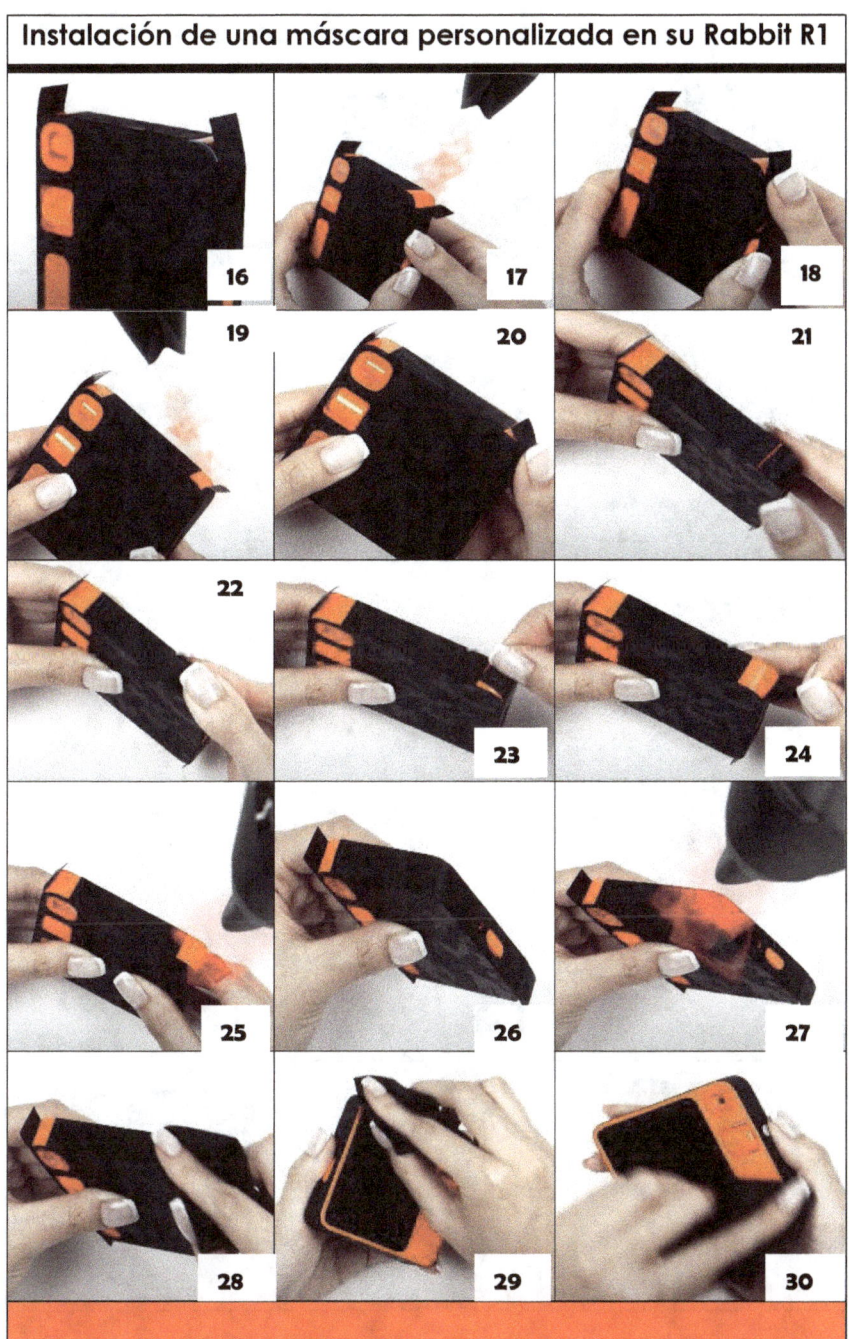

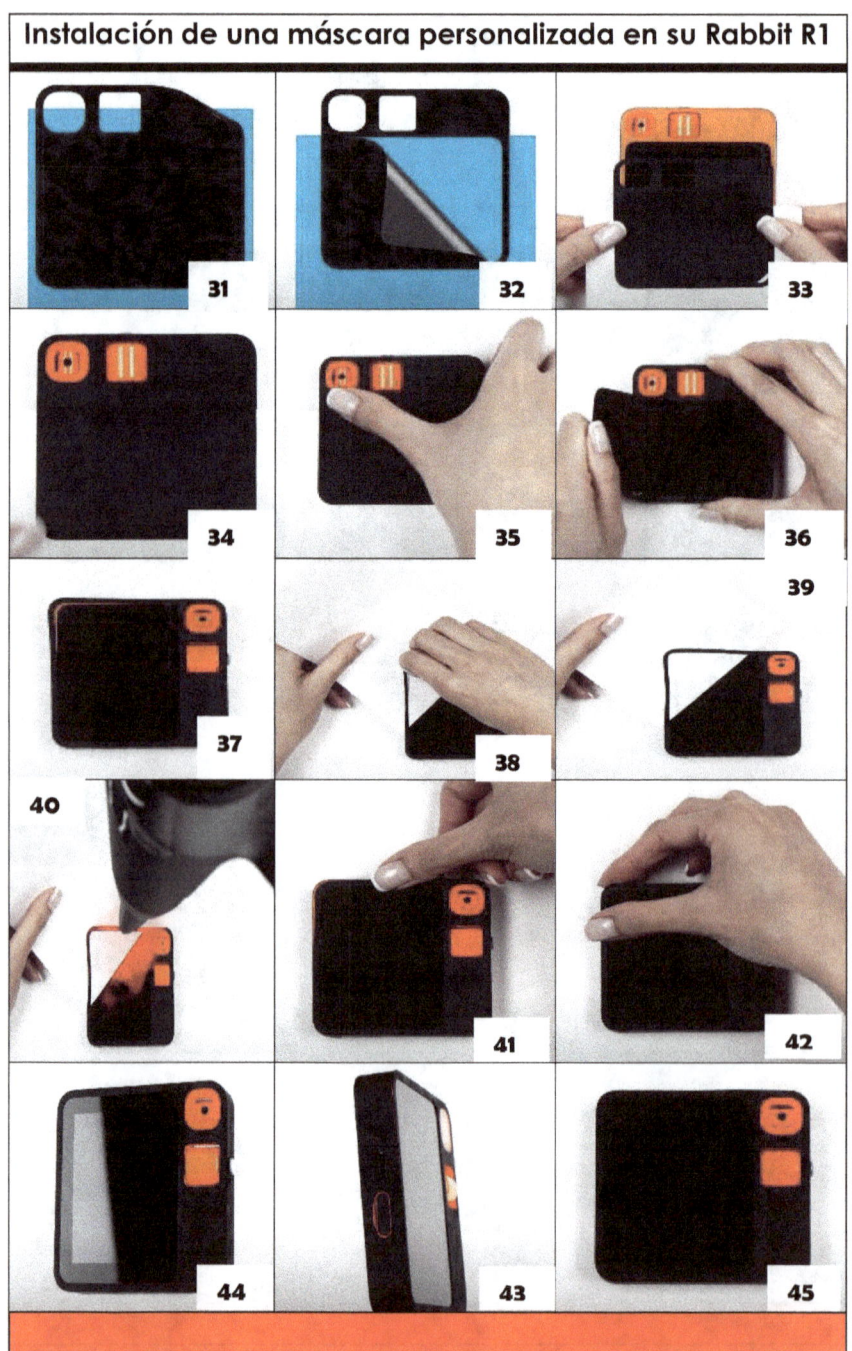

Instalación de una máscara personalizada en su Rabbit R1

46	48	47
48	49	**Disfrute de su dispositivo actualizado**

Protegiendo su Rabbit R1 con vidrio templado: una guía completa

Fortalecer la pantalla de su Rabbit R1 con un protector de vidrio templado es una inversión prudente y esta guía facilitará un proceso de solicitud perfecto.

Medidas preparatorias:

1. **Asegure un ambiente limpio:** Identifique un espacio de trabajo libre de polvo y bien iluminado. Las partículas de polvo pueden quedar atrapadas bajo el vidrio templado, provocando la formación de burbujas antiestéticas.

2. **Desempaque su kit:** Asegúrese de que su kit contenga los siguientes componentes:
    - Ropa de microfibra
    - Enjugador de goma
    - Etiqueta para quitar el polvo
    - Dos protectores de cristal de pantalla (uno de repuesto)
    - Dos protectores de cristal para cámara (uno de repuesto)

Instalación del protector de cristal de la pantalla:

(Nota: para comprender mejor cómo aplicar la capa protectora de vidrio templado a su R1, consulte las imágenes paso a paso en las páginas siguientes).

1. **Limpieza de pantalla**: Limpie meticulosamente la pantalla de su Rabbit R1 con la toallita con alcohol proporcionada.

2. **Secado completo**: Utilice el paño de microfibra para eliminar cualquier rastro residual de alcohol. ¡La conveniencia es crucial! Permitir que la pantalla permanezca húmeda puede provocar rayas. Si aparecen rayas, repite los pasos 1 y 2, secando la pantalla aún más rápidamente.

3. **Eliminación de partículas de polvo**: Si detecta motas de polvo, elimínelas con cuidado utilizando la pegatina de eliminación de polvo. Su pantalla ahora debería estar impecablemente limpia.

4. **Retiro y posicionamiento del respaldo protector:** Seleccione uno de los protectores de cristal de la pantalla y retire con cuidado la parte trasera protectora. Sujeta el vidrio templado por las pestañas laterales para evitar tocar la superficie adhesiva.

5. **Alineación y Aplicación:** Alinea con cuidado el vidrio templado con la pantalla de tu Rabbit R1, asegurando un espacio igual en todos los lados. Una vez alineado, coloque suavemente el vidrio.

6. **Activación Nanoadhesiva:** Dibuja una línea en el centro del vaso con el dedo. El nanoadhesivo asegurará el protector a la pantalla.

7. **Eliminación de la capa exterior:** Retire la capa exterior protectora restante del vidrio templado.

8. **Eliminación de burbujas:** Si notas burbujas de aire atrapadas debajo del cristal, ¡mantén la calma! Usa la escobilla de goma para empujarlos suavemente hacia el borde del vidrio, donde se disiparán.

Aplicación del protector de cristal de la cámara (opcional):

Siga los pasos del 4 al 8 para aplicar el protector de cristal de la cámara, utilizando el protector restante y siguiendo los mismos principios.

¡Felicidades! La pantalla y la cámara de tu Rabbit R1 ahora están protegidas por protectores de vidrio templado. ¡Disfruta de la tranquilidad que viene con una capa adicional de protección para tu dispositivo!

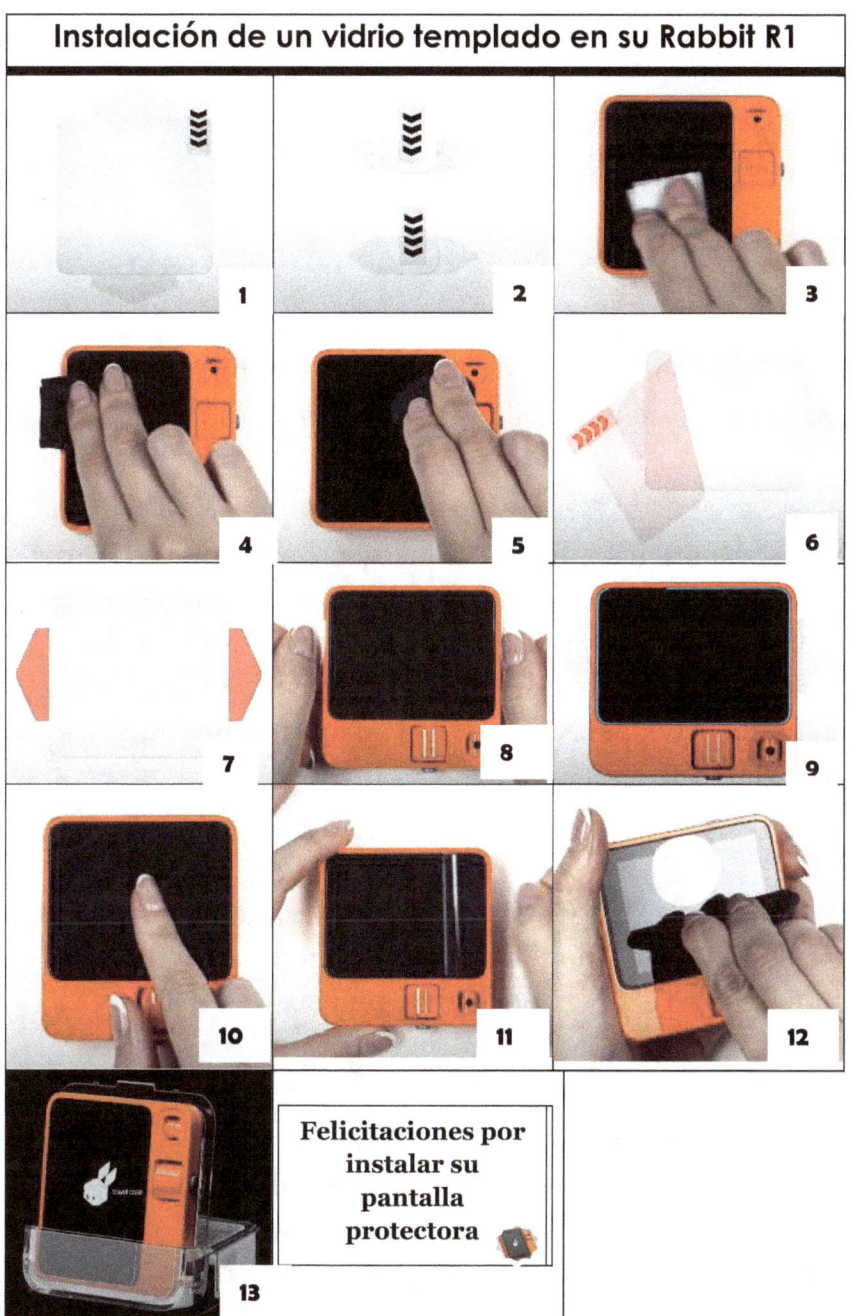

20 hechos históricos asombrosos sobre la IA

Aquí hay 20 instantáneas notables del viaje de la IA, desde sus humildes comienzos hasta las increíbles hazañas de hoy, con las mentes brillantes que lo hicieron posible:

1. En las antiguas mitologías griegas, había un dios llamado Hefesto que hacía ayudantes dorados parecidos a robots. Estas creaciones mágicas podrían moverse y realizar su trabajo por sí solas. Esto demuestra que ya entonces los humanos soñaban con fabricar máquinas inteligentes que les ayudaran.

2. En 1950, Alan Turing lanzó el desafío con su prueba homónima, desafiando a las máquinas a engañar a los humanos en el juego de la inteligencia.

3. El término "inteligencia artificial" fue bautizado en 1956 en la Conferencia de Dartmouth: el Big Bang de la IA, donde los visionarios se reunieron por primera vez para crear un nuevo campo.

4. 1956 vio el debut del teórico de la lógica; la primera IA en descifrar teoremas matemáticos, demostrando que las máquinas podían pensar de forma lógica.

5. En 1943, McCulloch y Pitts provocaron una revolución con las neuronas artificiales, sentando las bases para las redes neuronales actuales que impulsan todo, desde aplicaciones para teléfonos inteligentes hasta automóviles sin conductor.

6. ELIZA, creación de Joseph Weizenbaum en 1966, se convirtió en la primera analista digital del mundo y fue pionera en el procesamiento del lenguaje natural.

7. Shakey fue un robot que apareció en escena en 1966. Es la primera máquina móvil que razona sobre sus acciones: un torpe antepasado de los ágiles androides de hoy.

8. El primer "invierno de la IA" duró de 1974 a 1980, cuando la capacidad de procesamiento y la memoria limitadas congelaron el progreso y acabaron con el entusiasmo. (Un invierno de IA es cuando la gente pierde el entusiasmo por la IA y deja de dar dinero para crear nuevas innovaciones en IA)

9. En 2000, Kismet (una cabeza de robot diseñada por Cynthia Breazeal) aprendió a identificar y simular emociones humanas, aportando un toque humano al mundo de los circuitos y el código.

10. La victoria de Deep Blue en ajedrez en 1997 sobre Garry Kasparov marcó un momento memorable y demostró que las máquinas podían superar a los humanos en juegos estratégicos complejos.

11. En 1986, la furgoneta Mercedes autónoma de Ernst Dickmanns salió a la carretera, allanando el camino para los vehículos autónomos actuales.

12. En la década de 1980, los entusiastas de la IA se unieron bajo la bandera de AAAI, fomentando la colaboración en la búsqueda de descubrir los secretos del comportamiento inteligente. (El significado completo de AAAI es Asociación para el Avance de la Inteligencia Artificial. Esta organización se dedica a promover la investigación, la educación y el uso responsable de la inteligencia artificial. Fue fundada en 1979 y originalmente se llamaba Asociación Estadounidense para la Inteligencia Artificial antes. cambiando su nombre en 2007. AAAI tiene como objetivo aumentar la comprensión pública de la IA y apoyar el desarrollo de los profesionales y la investigación de la IA)

13. GPT-3 irrumpió en la escena tecnológica en 2020. Era un modelo de lenguaje tan avanzado que podía escribir ensayos, poesía e incluso código, borrando las líneas entre la creatividad humana y la de las máquinas.

14. Filósofos como Aristóteles y Euclides sentaron las bases del razonamiento formal, que es esencial para la IA.

15. La invención de la computadora digital programable en la década de 1940 marcó un paso significativo hacia la IA moderna.

16. En 1958, Frank Rosenblatt introdujo el modelo perceptrón, uno de los primeros modelos de redes neuronales que podía aprender de los datos.

17. En 1986, el algoritmo de retropropagación mejoró el entrenamiento de redes neuronales, reviviendo el interés en el aprendizaje automático.

18. En la década de 1990 se produjeron avances en el PNL (procesamiento del lenguaje natural), que permitieron a las máquinas comprender y generar el lenguaje humano de forma más eficaz.

19. En 2012, los avances en el aprendizaje profundo, en particular el uso de redes neuronales convolucionales, llevaron a avances significativos en el reconocimiento de imágenes y voz.

20. Introducidas en 2014, las redes generativas adversarias (GAN) permiten a las máquinas generar imágenes y datos realistas, revolucionando las aplicaciones creativas de IA.

Conclusión

Con la invaluable guía proporcionada por este manual completo, ha desbloqueado con éxito todas las capacidades de su Rabbit R1. Ahora, embárquese en una emocionante exploración de la amplia gama de oportunidades que ofrece este extraordinario dispositivo.

Expresamos nuestro más sincero agradecimiento por la confianza que ha depositado en nosotros al dedicarnos su invaluable tiempo, toda su atención e inversión financiera. Tu Rabbit R1 trasciende su condición de mero dispositivo; sirve como un camino para sacar más provecho de la vida, la conexión y la creatividad ilimitada. Esperamos que esta guía le haya permitido aprovechar todo el potencial de su Rabbit R1 y embarcarse en un extraordinario viaje de descubrimiento.

Recuerde, al igual que usted, el Rabbit R1 aprende constantemente, evoluciona y se adapta continuamente. Abrace este espíritu de exploración, busque incansablemente el conocimiento y supere los límites de lo que se considera posible. Nuestro apoyo inquebrantable lo acompañará en cada paso de este extraordinario viaje. Qué aventuras cautivadoras te esperan hoy con tu Rabbit R1? ¡La elección es tuya y las posibilidades son ilimitadas!

Rabbit R1

Guía Del Usuario
Para Principiantes

www.ingramcontent.com/pod-product-compliance
Lightning Source LLC
Chambersburg PA
CBHW071936210526
45479CB00002B/707